INHALT

GRUNDLAGEN ALLES, WAS DU WISSEN MUSST

WORKSHOP KREATIVE PROJEK…

GRUNDLAGEN DES APPLIZIERENS

ICH ZEIGE DIR IN DIESEM KAPITEL DIE WICHTIGSTEN BASICS DES APPLIZIERENS UND ERKLÄRE DIR, AUF WAS DU ACHTEN MUSST. ANSCHLIESSEND WARTEN DIE ERSTEN PROJEKTE AUF DICH, AN DENEN DU GLEICH PRAKTISCH ÜBEN KANNST. LIES DIR DIE ANLEITUNGEN GUT DURCH, DIE SCHRITTE WIEDERHOLEN SICH BEI ALLEN WEITEREN PROJEKTEN UND WERDEN IN DIESEM KAPITEL BESONDERS AUSFÜHRLICH ERKLÄRT.

MACH EINFACH MIT, IM NU BIST DU EIN PROFI UND KANNST MIT DEN WORKSHOP WEITERMACHEN.

Los geht´s!

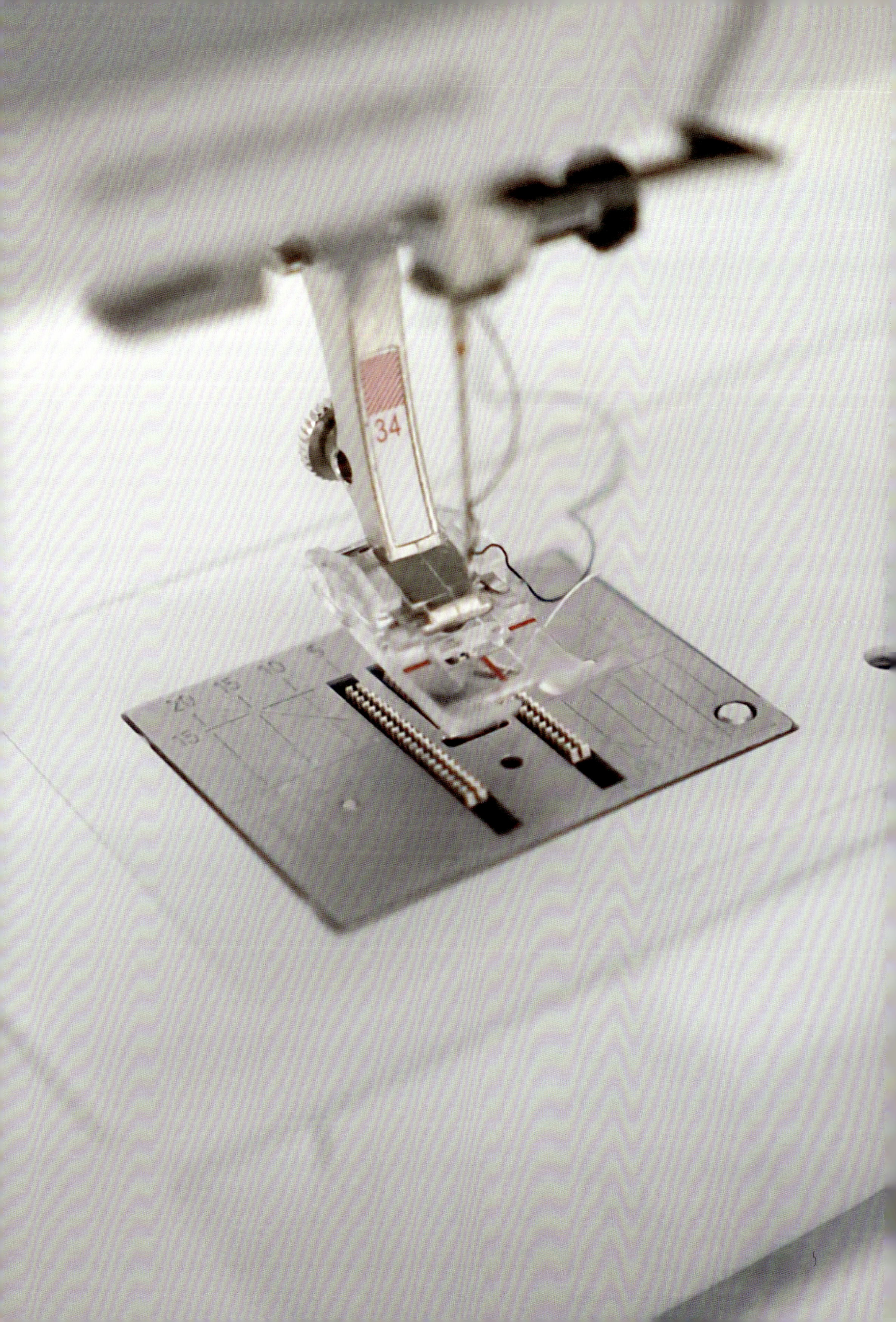
34
20 15 10 5
15

APPLIZIEREN?

WAS IST DAS EIGENTLICH?

Applizieren ist gerade ein riesen Trend und das nicht umsonst. Jeder, der eine Nähmaschine zuhause hat, kann es mit ganz wenig Materialaufwand ausprobieren.

Beim Applizieren werden Stoffteile zugeschnitten, mithilfe von Vliesofix auf Stoff gebügelt und anschließend mit der Nähmaschine umrandet, um sie festzunähen.

Ja, es ist so leicht, wie es sich anhört. Man benötigt nur eine ruhige Hand und etwas Geduld, denn Applizieren ist eine der aufwendigsten Arten der Textilgestaltung. Je mehr du übst, desto besser werden deine Applikationen mit der Zeit.

Ich zeige dir in diesem Buch, wie ich appliziere, mit verschiedenen Techniken und meinen persönlichen Tricks. Lass dich einfach anstecken und mach mit!

BENÖTIGTE MATERIALIEN

- Nähmaschine
- Vliesofix
- Stoffreste
- verschiedene Garne
- Stoffschere
- Bleistift
- Bügeleisen

Eine genaue Übersicht der Materialien findest du auf den folgenden Seiten.

SCHNELL ERKLÄRT

SO GEHTS!

1. DRUCKE DIE VORLAGE AUS

2. ÜBERTRAGE DIE SCHNITTTEILE AUF VLIESOFIX

3. BÜGLE DAS VLIESOFIX AUF DIE RÜCKSEITE DER STOFFSTÜCKE, DIE DU APPLIZIEREN WILLST

4. SCHNEIDE DEN STOFF ZU

5. BÜGLE DIE STOFFSTÜCKE AUF DEN UNTERGRUNDSTOFF AUF

6. NÄHE DIE STOFFSTÜCKE FEST

7. ERGÄNZE STRUKTUREN MIT NÄHMALEN, SCHATTIERUNGEN MIT STOFFMALFARBEN ODER VERSCHÖNERE DEINE APPLIKATION MIT KNÖPFEN ODER SCHLEIFEN

FERTIG!

MATERIALIEN

DIE DU ZUM APPLIZIEREN BENÖTIGST

Applizieren ist keine Zauberei. Wichtig ist das richtige Material und ein bisschen Fingerspitzengefühl.

DU BENÖTIGST:

- Nähmaschine, am besten mit versenkbarem Transporteur (das sind die Haken, die den Stoff nach vorne bewegen)
- Vliesofix zum Aufbügeln – fixiert die Applikation auf dem Untergrund und stabilisiert den Stoff
- Stoff, am besten ist Jersey oder Sweat/ Sommersweat geeignet. Es gehen auch gewebte Stoffe wie Fleece oder Plüsch, diese Stoffe fransen jedoch aus!
- Verschiedene Garne
- Stoffschere – zum groben Ausschneiden der Stoffstücke
- Applikationsschere – zum Ausschneiden von kleinen Applikationen
- Schere – zum Ausschneiden von Papier
- Bleistift – zum Übertragen der Schnittlinien auf Vliesofix
- Bügeleisen – zum Aufbügeln des Vliesofix
- Drucker – zum Ausdrucken der Vorlagen

OPTIONAL:

- Stickrahmen – fürs Nähmalen
- Stickvlies – sorgt für noch mehr Stabilität beim Applizieren
- Kordel – z. B. für Schnurapplikationen
- Watte – zum Ausstopfen von 3D-Elementen
- Wasserlösliche Stickfolie – zum Übertragen von Gesichtern, Details direkt auf die Applikation
- Stoffmalfarbe – für Schattierungen und Lichtpunkte
- Trickmarker – zum Vorzeichnen von Linien, die dann wieder verschwinden

KREUL
JAVANA
1mm

Nähfuß

Du kannst natürlich auch mit deinem einfachen Nähfuß applizieren, aber diese zwei Nähfüße machen dir das Applizieren deutlich einfacher.

APPLIKATIONSFUSS
Perfekt zum Applizieren mit Transporteur. Entweder durchsichtig oder mit großer Öffnung, je nach Hersteller. Du siehst genau, wo du gerade nähst und die Markierungen helfen dir, den perfekten Abstand zu halten. Eine echte Erleichterung!

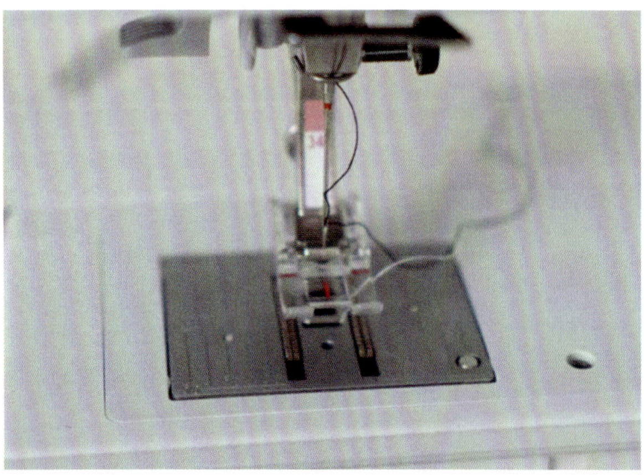

STICKFUSS
Wenn du ohne Transporteur nähmalen willst, ist der Stickfuß perfekt. Mit ihm hast du freien Blick auf deine Arbeit und nur geringen Druck auf deinen Stoff, um möglichst flüssig nähmalen zu können.

Bügeleisen

Fast das wichtigste Utensil zum Applizieren. Du benötigst kein spezielles Bügeleisen, aber es ist wichtig es immer griffbereit zu haben, da du es zum Fixieren des Vliesofix benötigst.

Stickrahmen

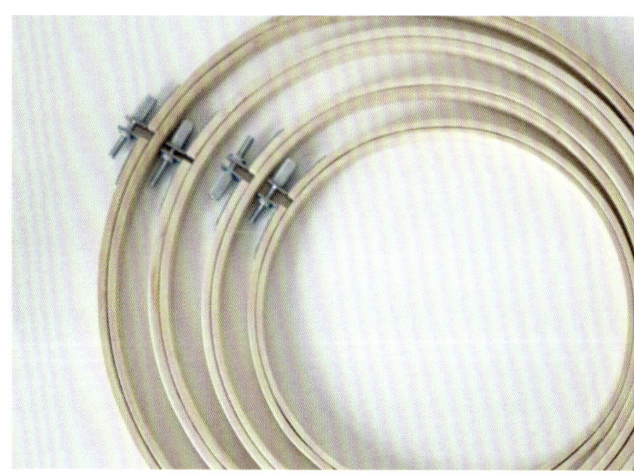

Gerade wenn du dir beim Handling unsicher bist und Angst hast dich zu verletzen, hilft ein Stickrahmen. Mit ihm ist dein Stoff perfekt eingespannt und lässt sich einfacher unter der Maschine bewegen. Zusätzlich hast du automatisch einen Sicherheitsabstand zur Nadel, wenn du deine Finger immer am Rahmen lässt. Gerade zum Nähmalen ist ein Rahmen sehr wichtig.

Vliesofix

Ohne Vliesofix geht bei mir gar nichts! Ich übertrage die Schnittteile auf Vliesofix und bügle es auf meine Stoffteile. Das stabilisiert den Stoff zusätzlich, so lassen sie sich leichter zuschneiden. Anschließend löst du die Schutzschicht ab und bügelst die Stoffe auf deinen Untergrundstoff. So verrutscht nichts beim Applizieren.

Stickvlies & -Folie

Ausreißbares Stickvlies ist gerade für dünne Stoffe super, um das Stichbild zu verschönern. Stickfolie kannst du nutzen, um z. B. ein Gesicht abzupausen und dann auf deine Applikation zu übertragen.

Stoffmalfarbe

Für noch lebendigere Applikationen sind Stoffmalfarben toll. Von Schattierungen bis zu Lichtpunkten in den Augen kannst du deine Applikation noch individueller gestalten. Es gibt verschiedene Arten von Stoffmalfarben: Stempel, Stifte, Kreide, ... jede hat eigene Vor- und Nachteile. Mehr erfährst du im entsprechenden Kapitel.

Applikationsschere

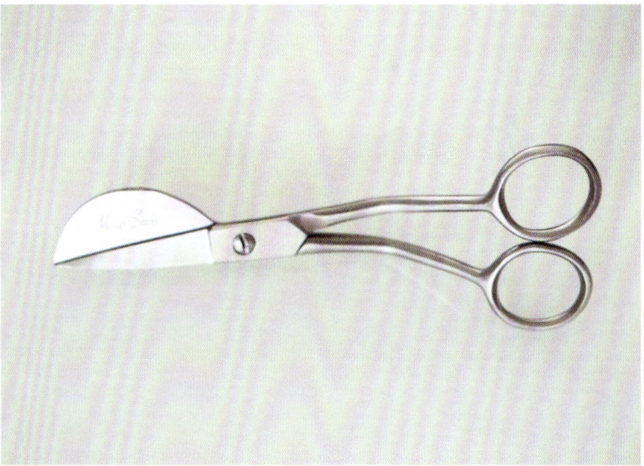

Steht nach dem Applizieren überschüssiger Stoff über oder es muss etwas sehr präzise und nah am Stoff abgeschnitten werden? Dann gelingt das am besten mit einer Applikationsschere. Sie wurde speziell dafür entwickelt und hat eine halbmondförmige Nase an der Scherenunterseite. Sie lässt sich dadurch flach auf den Stoff auflegen und schützt dabei aber den Untergrundstoff. Außerdem erkennt man mit ihr sehr gut, wo man gerade schneidet.

DRUCKE DIR DEINE VORLAGE AUS UND LEGE DAS MATERIAL BEREIT.

PAUSE ALS ERSTES DIE VORLAGE MIT VLIESOFIX AB.

VORBEREITUNG

SO BEREITEST DU DIE STOFFTEILE VOR

1. SCHRITT
AUSDRUCKEN

Drucke als Erstes die Vorlage aus. Die Schnittteile sind auf einem A4 Bogen angeordnet.

Wenn du die Applikation kleiner applizieren willst, musst du im Druckmenü die Skalierung reduzieren (A). Möchtest du sie vergrößern, wählst du mit „Posterdruck“ bzw. „Kachelung“ eine Vergrößerung aus (B). So wird dein Ausdruck automatisch auf mehrere Blätter aufgeteilt. Je nach Drucker und Computer können die Einstellung unterschiedlich sein.

Für die Übertragung auf Vliesofix musst du die gespiegelte Vorlage auszudrucken. Solltest du mal keine gespiegelte Vorlage zur Hand haben, kannst du die Vorlage vorab auf Transparentpapier übertragen, dieses drehst du dann um und überträgst die Vorlage auf Vliesofix.

2. SCHRITT
MATERIAL AUSWÄHLEN

Lege dir jetzt dein Material zurecht und wähle anschließend passende Stoffe für die Applikation aus. Für Applikationen kannst du selbst kleinste Stoffrest noch toll verwerten. Sammle z. B. beim Zuschnitt von Stoffen die Reste in einer Kiste, so hast du nach kurzer Zeit schon eine große Auswahl an Farben und Mustern.

3. SCHRITT
ABPAUSEN MIT VLIESOFIX

Pause nun die Vorlage ab. Nimm hierzu das Vliesofix und lege es mit der glatten Papierseite nach oben auf deinen ausgedruckten, gespiegelten Schnittbogen. Zeichne die Teile, die du später aus Stoff applizieren willst, mit einem Stift nach.

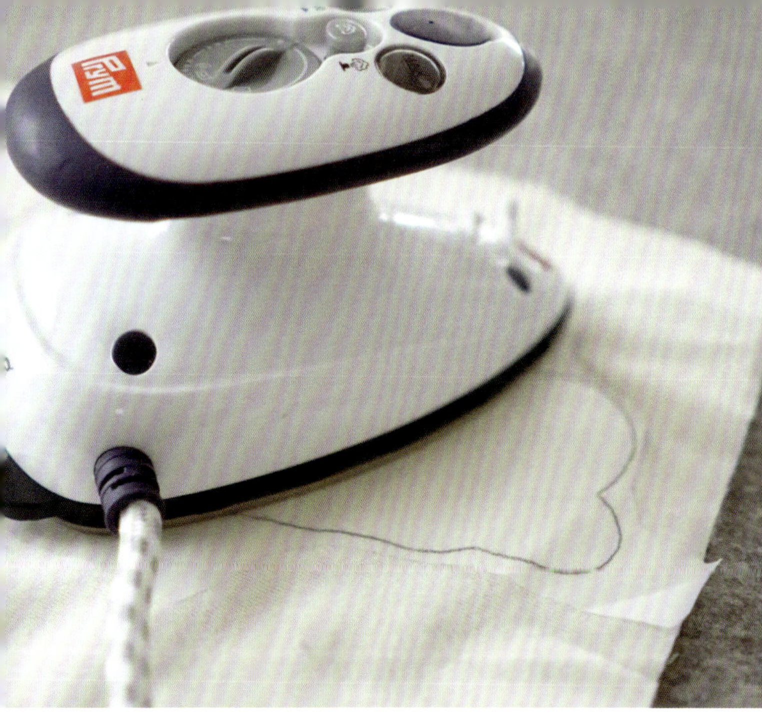

BÜGLE ANSCHLIESSEND DAS VLIESOFIX AUF DIE RÜCKSEITE DES STOFFES, SCHNEIDE DIE TEILE AUS ...

... UND BÜGLE DANACH DIE STOFFTEILE AUF DEN UNTERGRUND AUF.

4. SCHRITT
STOFF VORBEREITEN

Schneide das Vliesofix grob aus. Lege es anschließend, mit der Papierseite nach oben, auf die Rückseite deiner ausgewählten Stoffstücke. Bügle das Vliesofix mit dem Bügeleisen bei mittlerer Hitze fest.

Als Stoffe eignen sich am besten Jersey oder Sweatstoffe, da sie nicht ausfransen. So reicht ein einfacher Geradstich völlig aus, um die Stücke zu applizieren. Gewebte Stoffe kannst du auch mit Geradstich applizieren, aber sie fransen mit der Zeit aus. Um das zu vermeiden, kannst du sie mit einem Zickzack-Stich applizieren und so den Rand komplett versäubern.

Schneide die Stoffstücke anhand der Linien auf dem Vliesofix möglichst genau aus. Eine kleine Applikationsschere leistet hier besonders gute Dienste.

5. SCHRITT
STOFFTEILE AUFBÜGELN

Löse die Papierschicht vom Vliesofix. Platziere alle Stoffteile auf deinem Untergrundstoff und bügle sie anschließend bei mittlerer Hitze fest. Das Vliesofix ist sozusagen ein doppelseitiges Klebeband, dessen Kleber durch die Hitze des Bügeleisens aktiviert wird. So kann beim Festnähen nichts mehr verrutschen.

Auf der Vorlage sind die Schnittteile in Schichten aufgeteilt. Orientiere dich bei mehrlagigen Applikationen an dieser Reihenfolge und lege die Stoffteile entsprechend übereinander. „1“ liegt immer ganz unten, danach folge „2“, ... usw.

Jetzt kann das Applizieren beginnen. Wie du vorgehst, zeige ich dir auf den folgenden Seiten, mach einfach mit.

ERSTE ÜBUNGEN

LOS GEHT´S!

Genug trockene Theorie: Ran an deine Nähmaschine! Druck dir als Erstes den Übungsbogen „übungsblatt" aus oder pause die Schnittteile von dieser Seite ab.

Probiere den Kreis mit einem normalen Geradstich zu applizieren. Nutze hierfür, wie auf der vorherigen Seite beschrieben, Vliesofix zum Übertragen des Kreises auf den Stoff und bügle ihn dann auf.

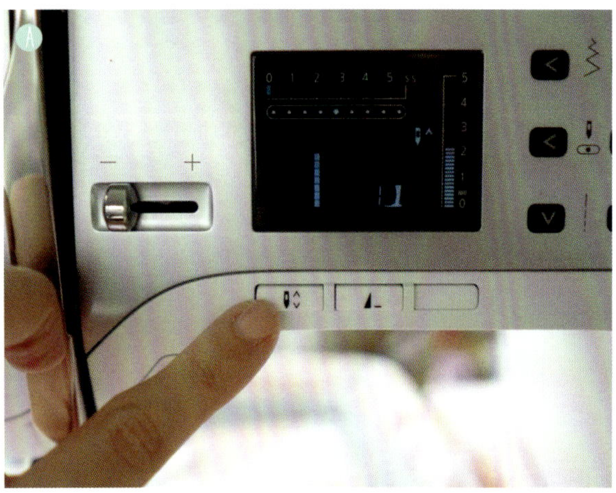

Fädele zuerst das Garn deiner Wahl ein und stelle einen kurzen Geradstich ein (A). Wenn vorhanden, nutzt du am besten den Applikationsfuß (B). Mit ihm siehst du die Naht besser. Du kannst aber auch deinen normalen Nähfuß nutzen.

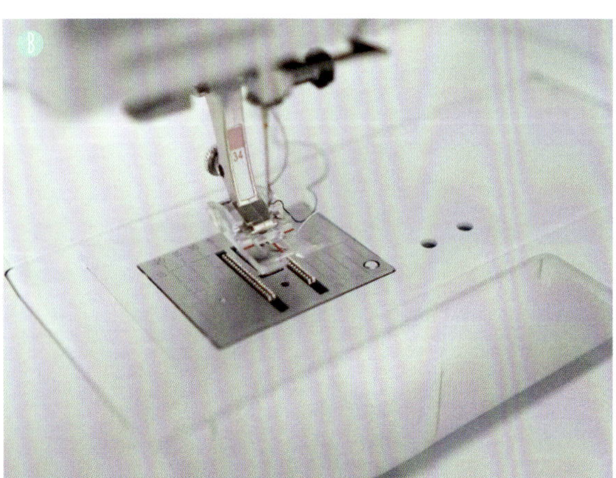

Versenke die Nadel an der Stelle von Hand im Stoff, an der du beginnen willst. Stelle, wenn deine Nähmaschine die Funktion hat, ein, dass die Nadel beim letzten Stich immer im Stoff bleibt. So verlierst du nicht die Position und kannst den Stoff mit angehobenem Nähfuß wenden. Das hilft vor allem in engen Kurven. Alternativ kannst du vor dem Anheben des Fußes die Nadel mit dem Handrad selbst versenken.

Jetzt geht´s los. Versuche mit 1 – 2 mm Abstand den Kreis zu umranden (C). Keine Panik, die Naht muss nicht perfekt werden. Gerade das macht den Charme von Applikationen aus. Näh langsam, so behältst du den Überblick und vermeidest Fehler. Führe den Stoff langsam im Kreis herum. Achte dabei unbedingt auf genügend Abstand zur Nadel, um dich nicht zu verletzen.

Am Ende des Kreises sollten der Start und das Ende sich möglichst treffen. Sichere danach noch deine Naht, indem du z. B. einmal vor und zurück nähst. Anschließend kannst du den Faden noch mit einer Stopfnadel auf die Stoffrückseite führen und dort mit dem Unterfaden verknoten.

Experimentiere mit unterschiedlichen Einstellungen und der Fadenspannung, um eine möglichst schöne Naht zu erzielen.

Fertig ist deine erste Applikation! (D)

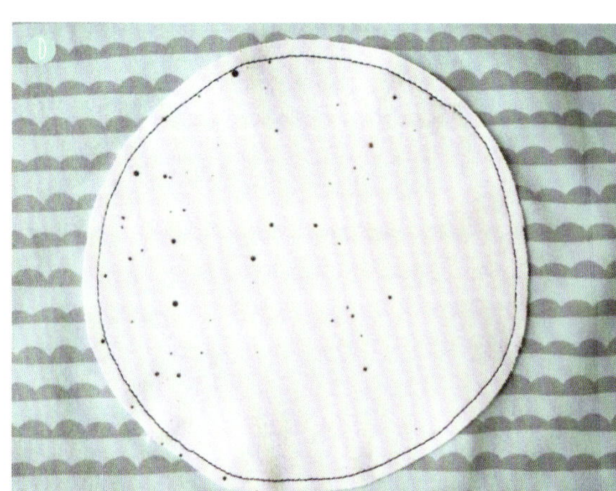

Probiere die verschiedenen Applikationsarten aus. Wie sie funktionieren, ist auf der folgenden Seite beschrieben. Je mehr du übst, desto mehr Fingerspitzengefühl entwickelst du. Nutze auch die anderen Formen auf dem Bogen, um zu üben. Gerade der Stern ist super, um das Wenden des Stoffes mit versenkter Nadel auszuprobieren. Wenn du sicherer im Umgang mit Nadel und Faden bist, kannst du mit den nächsten Übungen fortfahren.

APPLIKATIONSSTILE

DIE VERSCHIEDENEN TECHNIKEN

EINFACH

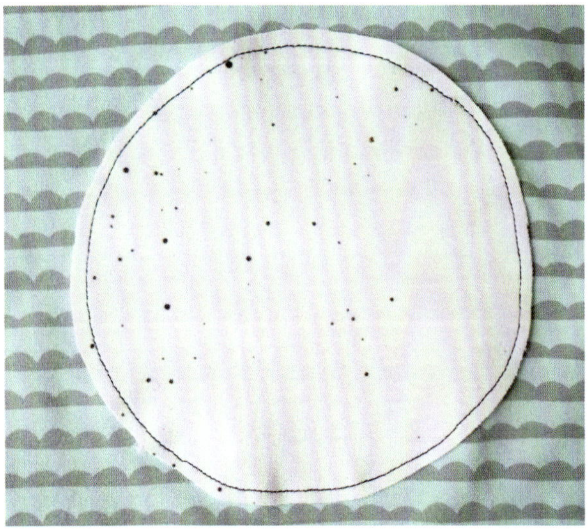

Eine Umrandung mit einer einfachen Linie ist schön dezent. Erfordert aber eine genaue Nahtführung, da Abweichungen sofort auffallen.

Nutze am besten einen Applikationsfuß, so hast du einen guten Blick auf die Naht und kannst genauerer nähen. Der normale Nähfuß kann natürlich auch genutzt werden.

Nähe mit einem Geradstich, die Stichlänge wählst du recht kurz, so hast du mehr Bewegungsfreiheit. Längere Stiche landen schneller neben der Applikation.

Stelle die Fadenspannung so gut wie möglich ein, damit du eine schöne Naht erhältst. Nutze zum Testen ein Reststück deines Stoffes. Wichtig ist, dass du die gleiche Dicke, wie deine Applikation zum Testen verwendest.

Zu Beginn versenkst du die Nadel bei angehobenem Nähfuß mit dem Handrad an deinem gewünschten Startpunkt. Senke den Nähfuß nun ab und nähe dann langsam mit 1 - 2 mm Abstand zum Rand einmal rund um deine Applikation. Am Nahtende ist es wichtig, dass die Enden sich möglichst genau treffen. Sichere deine Naht, indem du den Oberfaden mit einer Stopfnadel auf die Rückseite führst und dort mit dem Unterfaden verknotest.

DOODLE

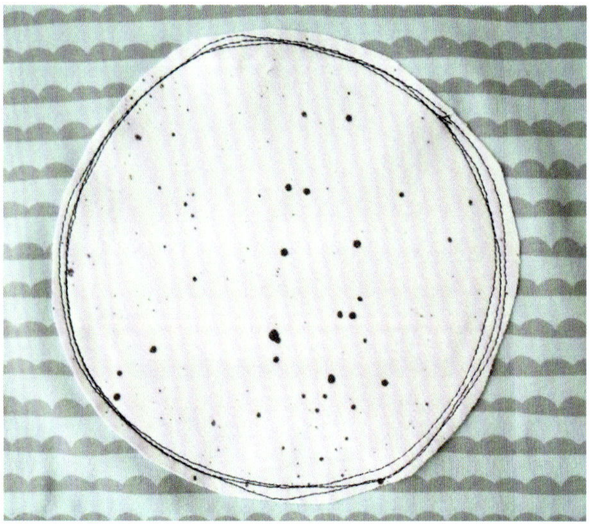

Der typische Applikationsstil. Alle Ränder werden mehrfach umfahren. So entsteht ein besonderer Look, der auch kleine Fehler verzeiht.

Nähe mit dem Applikationsfuß, um die Naht möglichst gut zu sehen. Der normale Nähfuß kann auch genutzt werden.

Auch hier verwendest du den Geradstich und die gleichen Einstellungen, wie bei der einfachen Applikation.

Versenke die Nadel bei angehobenem Nähfuß mit dem Handrad an deinem gewünschten Startpunkt. Senke den Nähfuß ab und nähe langsam mit 1 - 4 mm Abstand zum Rand einmal rund um deine Applikation. Du kannst ruhig ungenau nähen und den Abstand variieren. Versuche aber dabei immer auf deiner Applikation zu bleiben. Wiederhole die Umrandung 1 - 3 mal. Hierbei kannst du immer wieder eine andere Strecke wählen. Am Ende ist es wichtig, dass die Nahtenden sich möglichst genau treffen. Sichere deine Naht, indem du den Oberfaden mit einer Stopfnadel auf die Rückseite führst und dort mit dem Unterfaden verknotest.

VIDEOTUTORIAL
SCHAU DIR DIESE ANLEITUNG ALS VIDEOTUTORIAL AN!
paulundclara.com/appli1x1
Passwort: puc_appli

NÄHMALEN

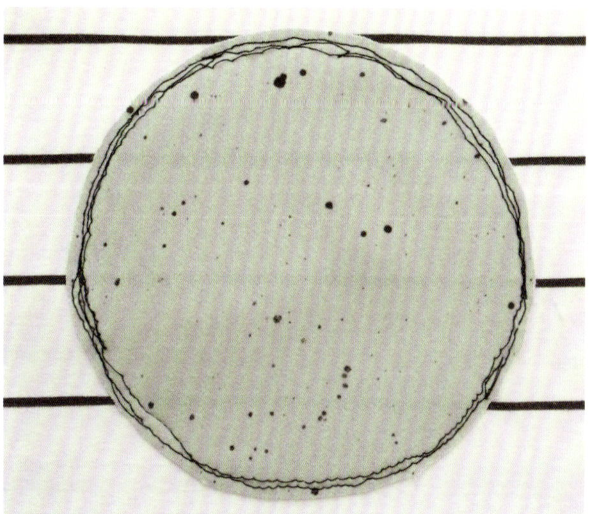

Beim Nähmalen appliziert man mit einem Stickfuß ohne Transporteur. Es können Stoffstücke appliziert werden oder einfach nur auf Stoff gemalt werden. Eine sehr verspielte Technik, die wirklich eine Art „malen" ist. Die Linien sind etwas wacklig und werden oft ohne Pause geführt.

Nutze entweder einen Stickfuß oder entferne den Nähfuß komplett. Wichtig ist, dass kein Druck auf den Stoff ausgeübt wird. Andernfalls ist deine Nahtführung eingeschränkt. Denke aber daran den Fuß beim Nähen abzusenken, sonst wird der Faden evtl. blockiert.

Nähe mit einem Geradstich, die Stichlänge ist egal, da du später durch dein Tempo selbst bestimmst wie lang die Stiche werden. Je schneller du den Stoff bewegst, desto länger wird der Stichabstand.

Schalte jetzt deinen Transporteur aus. Das sind die kleinen Zähnchen in der Stichplatte, die deinen Stoff nach vorne bewegen, wenn du nähst. Wie du ihn an deiner Maschine ausschaltest, ist unterschiedlich. Schaue einfach in deine Betriebsanleitung.

Spanne deinen Stoff in einen Stickrahmen ein. Verwende den Rahmen aber falsch herum, damit der eingespannte Stoff unten liegt, sonst sitzt der Stoff wie bei einer Trommel, was das Nähen erschwert. Es kann schwierig sein den hohen Rand des Stickrahmens unter den Nähfuß zu platzieren. Hebe hierfür den Nähfuß an und drücke den Hebel noch ein Stück weiter nach oben. So geht er noch ein Stück weiter hoch und der Rahmen passt drunter durch. Senke den Fuß wieder ab und nähe dann einfach drauf los.

ZICKZACK

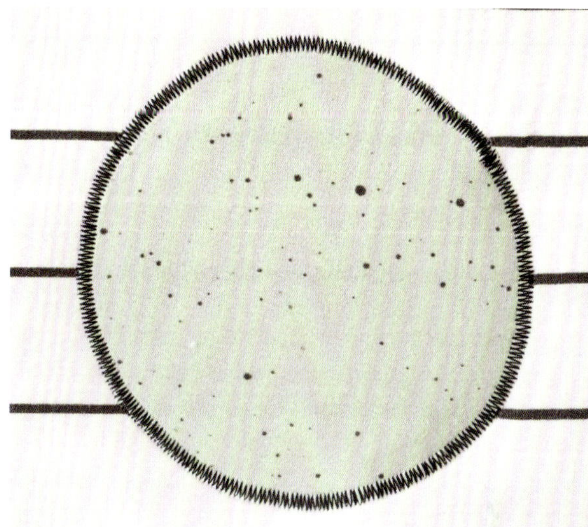

Für auffällige Applikationen können die Kanten auch mit einem Zickzack-Stich umrandet werden. Gerade mit Kontrastfarben können so schöne Applikationen entstehen. Oder du nutzt passende Farbe zum Stoff, das wirkt schön dezent.

Verwende einen Applikationsfuß oder den normalen Nähfuß und wähle den Zickzack-Stich. Die Stichbreite und Länge kannst du selbst bestimmen. Experimentiere mit unterschiedlichen Einstellungen. Wenn du einen sehr engen Zickzack-Stich einstellst, entsteht nahezu ein Satinrand. Je breiter du den Stich wählst, desto leichter wird es dir fallen, den Stoffrand zu umnähen.

Stelle die Fadenspannung so gut wie möglich ein, damit du eine schöne Naht erhältst. Hinterlege deinen Stoff am besten mit Stickvlies, so verzieht sich der Stoff weniger.

Zu Beginn versenkst du die Nadel an deinem gewünschten Startpunkt. Nähe dann langsam um den Rand deiner Applikation. Versuche die Stoffkante in der Mitte deiner Naht zu führen.

Am Nahtende ist es wichtig, dass die Enden sich möglichst genau treffen. Sichere deine Naht, indem du den Oberfaden mit einer Stopfnadel auf die Rückseite führst und dort mit dem Unterfaden verknotest.

LOS GEHT'S

DEINE ERSTE RICHTIGE APPLIKATION

Jetzt kennst du die verschiedenen Stile und bist schon geübt in der Nahtführung. Lass uns als Nächstes einen Schritt weiter gehen und deine erste mehrschichtige Applikation umsetzen.

Drucke die Vorlage „apfel" aus. Pause nun die Teile mit Vliesofix ab (A). Wähle drei passende Stoffe für deine Applikation aus und bügle das Vliesofix auf die Rückseite der Stoffe (B). Schneide die Stoffteile dann möglichst genau aus.

Ziehe als Nächstes die Papierseite des Vliesofix ab und lege die Stoffteile auf deinen Untergrundstoff. Kontrolliere mithilfe der Vorlage Position der Stoffteile und bügle sie dann mit dem Bügeleisen fest (C).

Bei mehrschichtigen Motiven findest du auf der Vorlage immer eine Nummerierung auf den Schnittteilen. Diese gibt die Reihenfolge der Schichten vor. 1 ganz unten, dann 2, ... usw..

Teile wie z. B. Arme, die später vom Oberkörper überdeckt werden, haben eine Art Nahtzugabe, die unter das darauffolgende Teil gelegt wird. Durch diese Überlappung entsteht hier keine Lücke und die Applikation lässt sich leichter verarbeiten. In diesem Fall wird der Stiel des Apfels 1 – 2 mm unter dem Apfel platziert.

Ich bügle immer alle Schichten auf einmal auf und appliziere sie dann in einem Schritt. Du kannst aber auch jede Schicht einzeln aufbügeln, applizieren und dann mit der nächsten Schicht fortfahren. In welcher Reihenfolge du vorgehst, ist dir überlassen. Wichtig ist nur, dass am Ende alle Stoffstücke aufgenäht werden, da sich das Vliesofix mit der Zeit durch waschen und tragen löst und deine Applikation dann kaputt gehen kann.

Ich nutze für diese Applikation einen kurzen Geradstich mit dem Applikationsfuß ohne versenkten Transporteur. Meine Einstellungen findest du im nachfolgenden Workshop immer in den Anleitungen.

GERADSTICH

TRANSPORTEUR NICHT VERSENKT

APPLIKATIONS-FUSS

Umrande jetzt alle Stoffteile mit 1 – 2 mm Abstand (D). Nähe langsam und an engen Stellen am besten mit dem Handrad. Wenn du um eine Kurve nähst oder in einer Ecke festsitzt, kannst du die Nadel versenken, den Nähfuß anheben und den Stoff dann drehen. Solltest du dich einmal vernäht haben, kannst du die Naht auftrennen und neu setzen. Denk daran die Nahtenden zu sichern. Sonst lösen sich später die Fäden und deine Applikation wird womöglich nicht lange schön bleiben.

Je kleiner das Stoffstück ist, desto kleiner solltest du die Stichlänge wählen. So kommst du leichter um enge Kurven. Am Ende einer Naht nutze ich am liebsten das Handrad, so kann ich ganz genau prüfen, wo die Nadel zuletzt einsticht.

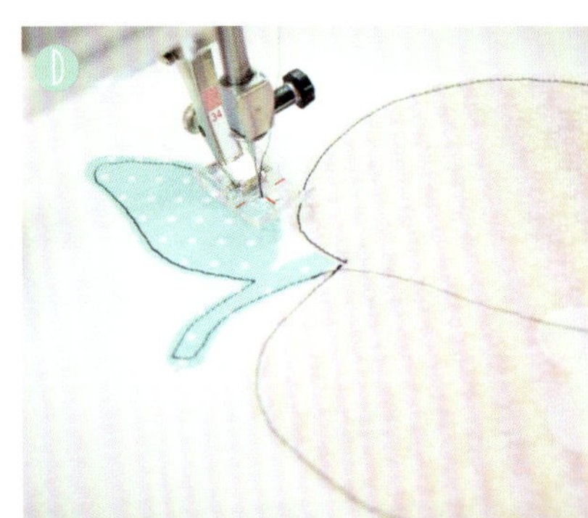

GESPIEGELTER SCHNITTBOGEN

SCHNITTLINIEN AUF VLIESOFIX ÜBERTRAGEN

VIDEOTUTORIAL
SCHAU DIR DIESE ANLEITUNG ALS VIDEOTUTORIAL AN!
paulundclara.com/appli1x1
Passwort: puc_appli

BASISWISSEN

DIE WICHTIGSTEN GRUNDLAGEN

VORLAGEN ÜBERTRAGEN

Drucke die gespiegelte Vorlage in deiner gewünschten Größe aus und lege das Vliesofix mit der glatten Papierseite nach oben auf deinen Ausdruck. Pause alle Formen mit einem Stift ab, die du auf Stoff übertragen möchtest.

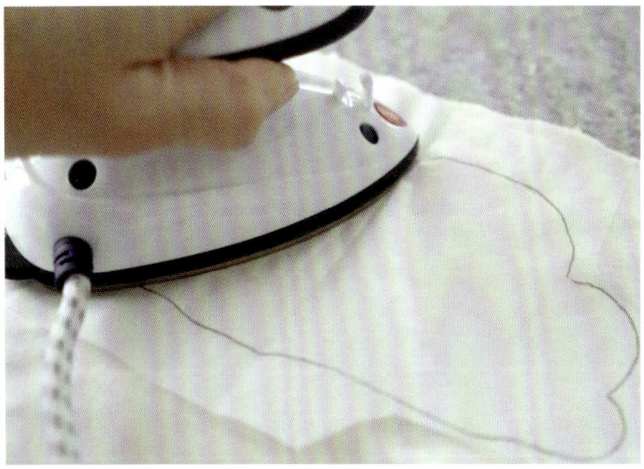

Schneide die Teile aus und bügle sie bei mittlerer Hitze auf die Rückseite deiner ausgewählten Stoffe.

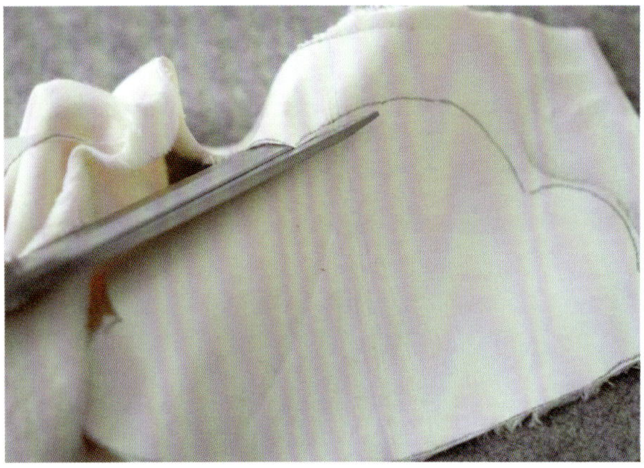

Schneide die Teile so genau wie möglich aus.

VLIESOFIX AUFBÜGELN

Lege deine Applikationsteile und den Stoff auf den sie appliziert werden bereit.

Ziehe das Schutzpapier vom Vliesofix ab und lege die Teile entsprechend der Reihenfolge übereinander. Achte dabei darauf, dass die Stoffe leicht überlappen.

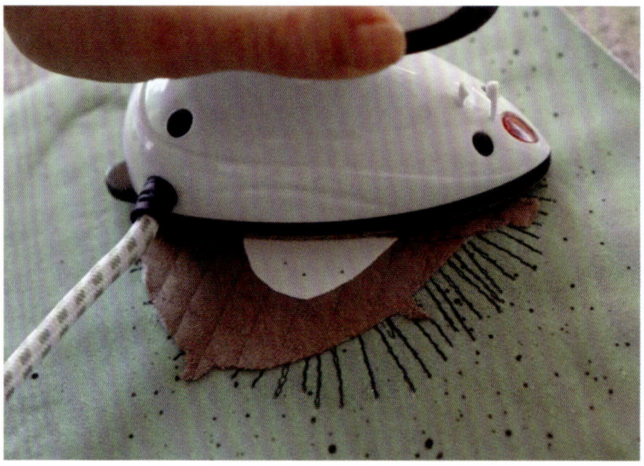

Bügle die Stoffteile bei mittlerer Hitze fest.

STICKFOLIE NUTZEN

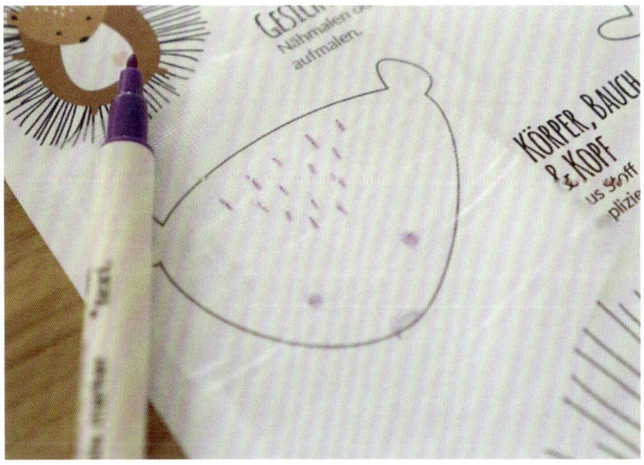

Lege die auswaschbare Stickfolie auf die Vorlage und übertrage die Linien mit deinem Trick Marker - damit die Farbe nicht den Stoff verschmutzen kann.

Lege die Folie auf deinen Stoff und fixiere sie je nach Bedarf mit Stecknadeln. Jetzt kannst du die Linien nachnähen.

Wasche anschließend die Folie mit Wasser vom Stoff ab und lass die Applikation trocknen, bevor du weiterarbeitest.

WANGEN AUFMALEN

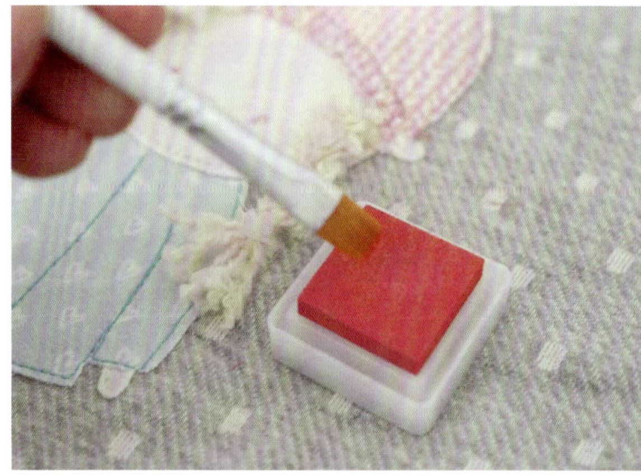

Für Wangen eignen sich am besten Stempelkissen oder Textilstifte. Nimm ein bisschen der Farbe mit einem trockenen, harten Pinsel auf ...

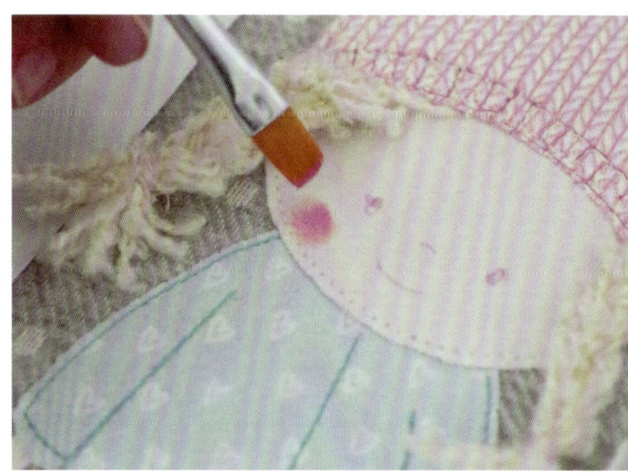

... und tupfe die Farbe vorsichtig auf den Stoff, bis er so eingefärbt ist, wie du es dir wünschst.

Fertig. Alternativ kannst du die Farbe auch mit der Fingerspitze auftupfen.

NÄHMALEN MIT DEM STICKFUSS

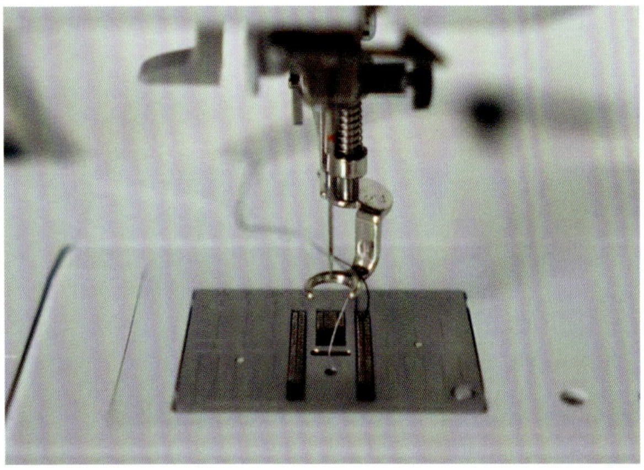

Setze den Stickfuß bei deiner Maschine ein ...

... und versenke den Transporteur. Bei meiner Maschine drücke ich hierfür rechts außen einen Knopf. Wo du diese Einstellung bei deiner Maschine findest, kannst du in deiner Anleitung nachlesen. Diese Einstellung ist wichtig, damit dein Stoff nicht mehr weitertransportiert wird und du so auch nach links und rechts nähen kannst.

Spanne deinen Stoff in einen Stickrahmen ein. So hat dein Stoff die nötige Spannung und du kannst ihn besser unter der Maschine bewegen. Stelle den Geradstich ein, die Länge ist nicht wichtig, da du sie durch deine Bewegung variieren kannst.

APPLIKATIONSFUSS VERWENDEN

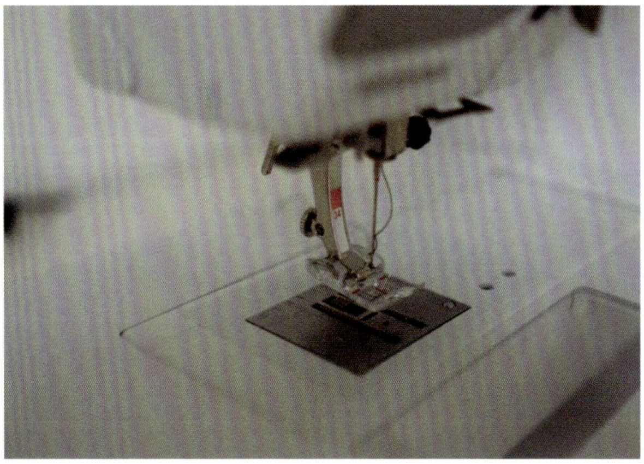

Setze den Applikationsfuß bei deiner Maschine ein ...

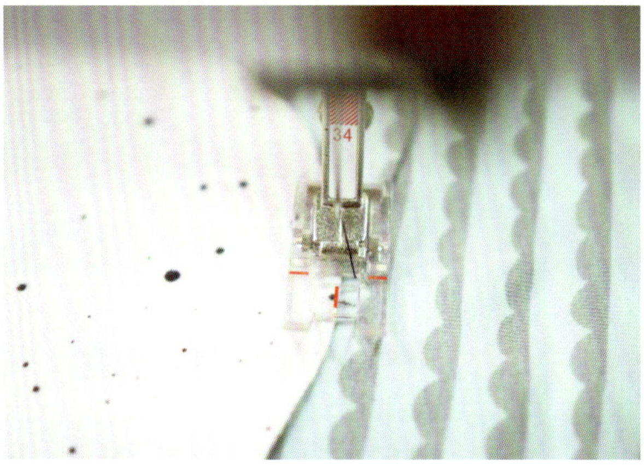

... durch ihn siehst du perfekt, wo deine Naht sich gerade befindet. Das macht das Applizieren deutlich einfacher.

Je nach Hersteller sehen die Applikationsfüße unterschiedlich aus. Manche sind auch aus Metall, haben dafür aber vorne eine große Aussparung für einen möglichst freien Blick.

DETAILS AUFMALEN

Nutze einen Textilstift und male direkt mit dem Stift auf den Stoff. Für kleine Details eignen sich dünne Stifte am besten.

Alternativ kannst du flüssige Textilfarbe mit einem Zahnstocher, dünnen Pinsel oder einer Applikationshilfe auftragen.

Setze so z. B. kleine Glanzpunkte in die Augen oder auf die Nase.

SCHATTIEREN

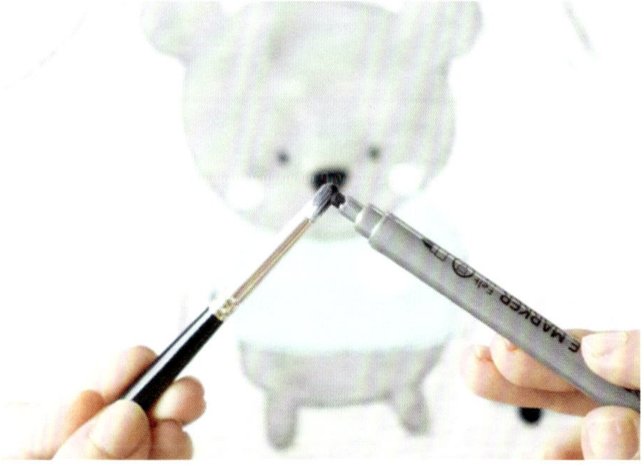

Nutze zum Schattieren einen Pinsel mit fester Spitze. Nimm entweder von einem Stift oder einem Stempelkissen etwas Farbe auf ...

... und trage die Farbe dann vom Rand nach innen auf. So entsteht ein Verlauf von dunkel zu hell. Du musst nicht jede Naht schattieren, mit etwas Übung, lernst du die Schatten möglichst natürlich zu setzen.

Fixiere anschließend die Farbe nach Herstellerangaben.

Eine genaue Anleitung zur Verwendung von Textilfarben findest du ab Seite 38.

HÄTTE ICH DAS MAL FRÜHER GEWUSST...

DIE BESTEN TIPPS AUS MEINEM TEAM!

Zewa ist ein super Stickvlies-Ersatz, wenn du mal keins zur Hand hast!

ELLI HELT

VIEL VIEL VIEL ÜBEN.

MIA COBURGER

AUF STICKFOLIE DAS MOTIV NACHMALEN, UM DIE POSITION DER DETAILS WIE DIE DER AUGEN BESSER ZU TREFFEN.

LANA SCHNUPPE

BEI KLEINEN DETAILS AUCH MAL DRAN DENKEN DIE STICHLÄNGE ZU REDUZIEREN.

STEPHANIE TÖLKE

Nimm eine Stopfnadel, um den Fadenanfang und das Fadenende auf die Rückseite zu ziehen, um sie dort zu verknoten.

WIEBKE NÖHRING

Ich appliziere nur mit Jersey, weil er nicht ausfranst und ich dann einfach nur mit Gradstich applizieren kann.

KARINA SCHIFFERS

GUTES LICHT, ZEIT UND GEDULD (SCHNELL, SCHNELL GEHT BEI MIR NICHT).

VICTORIA DORFNER

Bei Kurven die Nadel beim Drehen immer unten im Stoff lassen.

KARIN DORNER

Frixon Fasermaler zum vormalen sind genial. Die gehen mit Hitze wieder weg.

VICTORIA DORFNER

BESONDERS BEI KLEINEN TEILEN MIT EINER MÖGLICHST KURZEN STICHLÄNGE NÄHEN.

ANNA-LENA SCHRADER

Ich drucke keine Applivorlagen mehr aus. Ich pause nur noch direkt vom Bildschirm auf Vliesofix.

RAFFAELA PACHINGER

Nutze Textilfarbe für kleine Details wie Sommersprossen.

KATHARINA SIMA

KNOW HOW
STOFFMALFARBEN

DU WILLST DEINE APPLIKATION ZU ETWAS GANZ BESONDEREM MACHEN? DANN MUSST DU UNBEDINGT STOFFMALFARBEN TESTEN. MIT IHNEN KANNST DU KLEINE DETAILS AUFMALEN, WIE AUGEN ODER SOMMERSPROSSEN UND SCHATTIERUNGEN ERZIELEN.

ES GIBT UNTERSCHIEDLICHE STOFFMALFARBEN, VON STIFTEN BIS ZU STEMPELKISSEN, IST FÜR JEDEN GESCHMACK ETWAS DABEI. MIT WELCHEN FARBEN DU LIEBER ARBEITEST, IST GESCHMACKSSACHE, SIE HABEN ALLE IHRE VOR- UND NACHTEILE.

ICH HABE AUF DEN NÄCHSTEN SEITEN VERSCHIEDENE FARBEN FÜR DICH GETESTET UND DIE WICHTIGSTEN TIPPS FÜR DEREN VERWENDUNG GESAMMELT.

MACH MIT UND FINDE DEINEN FAVORITEN!

Los geht's!

10 HACKS

MEINE GEHEIMTRICKS

1. Wasche deine Stoffe vor, sonst kann es sein, dass deine Farbe nicht optimal haftet und trotz sorgfältigem Fixieren wieder ausgewaschen wird.

2. Verstärke dünne, dehnbare Stoffe vorab unbedingt mit Vliesofix, sonst lässt er sich viel schwerer bemalen.

3. Teste die Farben immer zuerst auf einem kleine Stück Reststoff. So siehst du die genaue Farbe und kannst verschiedene Techniken probieren.

4. Ich bemale die Applikation immer erst, wenn ich sie schon aufgenäht habe, dabei musst du besonders darauf achten, dass du nicht den Untergrundstoff bemalst. Alternativ kannst du auch die Stoffteile vor dem aufnähen bemalen.

5. Sollte ein Versuch misslungen sein, kannst du viele Farben noch schnell auswaschen.

6. Nutze verschiedene Pinsel, je Anwendung benötigst du andere Strichstärken.

7. Vergiss nicht die Farbe entsprechend der Herstellerangaben zu fixieren, sonst löst sie sich wieder beim Waschen.

8. Kombiniere die verschiedenen Textilfarben, so kannst du von allen Vorteilen profitieren. Stifte sind besonders für kleine Details toll, Stempelkissen sind dafür aber für Schattierungen gut einsetzbar und haben mehr Farbauswahl.

9. Wichtig ist, einen Farbton zu wählen, der der Stofffarbe möglichst nah kommt und nur etwas dunkler ist. So wirkt es am natürlichsten.

10. Mit wenig Farbe beginnen – hinzufügen ist leichter als wegnehmen.

STEMPELFARBE

SO GEHT´S

Stempelkissen gibt es in besonders vielen Farben und Schattierungen von verschiedenen Anbietern.

Du benötigst zum Aufbringen zusätzlich noch Pinsel, mit harten Borsten in verschiedenen Stärken oder Stempel, wenn du z. B. Buchstaben aufbringen willst.

Stempelfarben sind perfekt für Schattierungen und Bäckchen, da sie gut in den Stoff eindringen. Tupfe einfach etwas Farbe mit einem Pinsel vom Kissen auf und bemale den Stoff. Vergiss nicht den Pinsel vorher zu reinigen, wenn du die Farbe wechselst.

Hier ein Beispiel wie sich Stempelfarbe auf Stoff verhält und schattieren lässt.

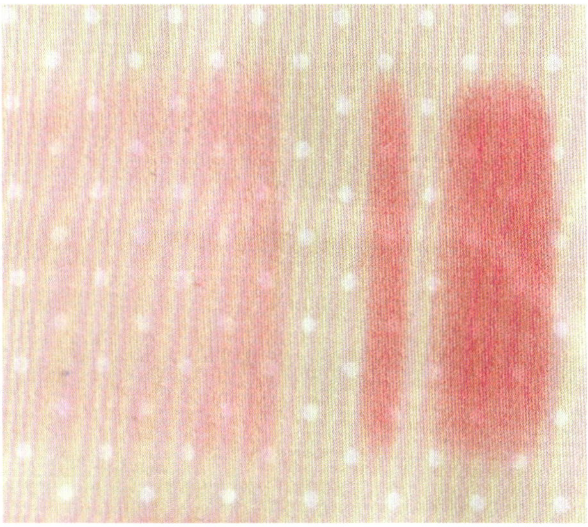

Die Farbe dringt gut in den Stoff ein und ergibt so ein harmonisches Ergebnis.

STEP BY STEP

SCHRITT 1
Lege deine Applikation bereit (A). Du kannst entweder eine fertige Applikation schattieren oder die Stoffteile vorab bemalen. Achte bei einer fertigen Applikation darauf nicht über den Rand zu malen.

SCHRITT 2
Wähle passende Stempelfarben für deine Stoffe aus. Probiere sie auf einem kleinen Reststück des Stoffes aus (B). So siehst du, welche Farbe am besten passt und kannst das Auftragen noch mal üben.

SCHRITT 3
Nimm etwas Farbe mit einem kurzen, harten Pinsel auf, indem du mit etwas Druck über das Stempelkissen fährst (C).

SCHRITT 4
Schattiere nun die Nähte (D–F). Arbeite von Außen nach innen, so erhält der Rand immer den größten Farbauftrag und es entsteht ein sanfter Verlauf. Wiederhole den Farbauftrag, bis deine gewünschte Intensität erreicht ist.

TIPP: Du musst nicht jede Naht schattieren, wähle immer nur eine Seite aus, die bemalt werden soll. Die andere Seite dunkelst du nur direkt neben der Naht etwas ab. Es benötigt etwas Gespür für die richtige Position der Schatten. Es gilt aber vor allem, weniger ist mehr.

Abschließend wird die Farbe mit dem Bügeleisen fixiert.

FERTIG!

STOFFMALKREIDE

SO GEHT´S

Textilkreide kann ohne weitere Hilfsmittel wie z. B. einen Pinsel auf den Stoff aufgetragen werden und eignet sich gut zum Schattieren.

Jedoch werden die Schatten grober und verlaufen nicht so schön, wie z. B. mit Stempelfarben. Die Kreide verhält sich eher wie ein Wachsmalstift. Sie dringt nicht so in den Stoff ein, wie flüssige Farben, sondern haftet eher auf dem oberen Bereich des Stoffes.

Durch die große Spitze kannst du nur grob malen und keine kleinen Details aufbringen. Du kannst die Stifte jedoch etwas anspitzen, damit du genauer zeichnen kannst.

Leider wird Textilkreide nur in wenigen Farben angeboten und ein Mischen der Farben ist nicht möglich. Daher kommt die Kreide bei der Farbsuche schnell an ihre Grenzen.

Für den Einstieg in das Thema ist Textilkreide dennoch gut geeignet, da sie sehr unkompliziert verarbeitet werden kann.

Hier ein Beispiel wie sich Kreide auf Stoff verhält und schattieren lässt.

Komplette Flächen sind bei Kreide eher „shabby chic“ und färben nur die Oberseite des Stoffes.

STEP BY STEP

SCHRITT 1

Lege deine Applikation bereit (A). Du kannst entweder eine fertige Applikation schattieren oder die Stoffteile vorab bemalen. Achte bei einer fertigen Applikation darauf nicht über den Rand zu malen.

SCHRITT 2

Wähle eine möglichst passende Farben für deine Stoffe aus. Probiere sie auf einem kleinen Reststück des Stoffes aus (B). So siehst du, welche Farbe am besten passt und kannst das Auftragen noch mal üben.

SCHRITT 3

Halte die Kreide mit der flachen Seite nach unten, wenn du mit der Kante arbeitest, könnte der Strich zu hart werden (C).

SCHRITT 4

Schattiere nun die Nähte (D–F). Fahre mit sehr wenig Druck über den Stoff. Wiederhole den Farbauftrag so oft, bis deine gewünschte Intensität erreicht ist. Versuche einen Farbverlauf zu erreichen, indem du nach innen noch weniger Druck anwendest und dort auch weniger oft über den Stoff fährst.

Abschließend wird die Farbe mit dem Bügeleisen fixiert.

FERTIG!

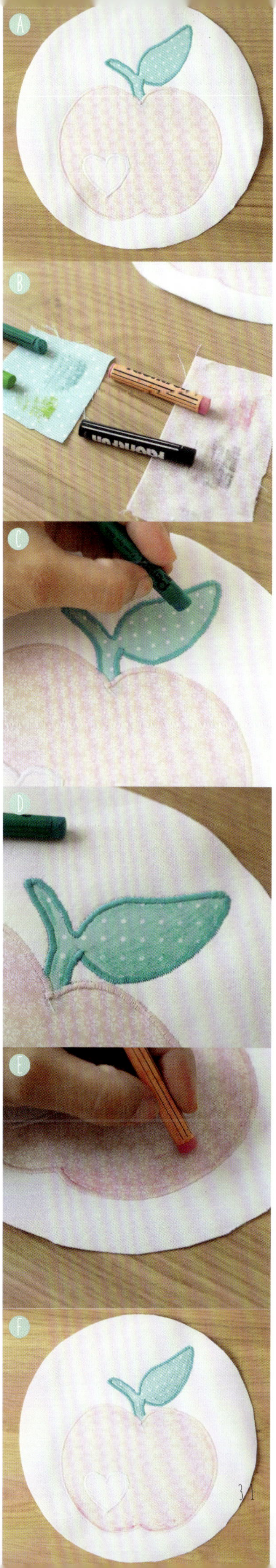

FLÜSSIGE TEXTILFARBE

SO GEHT'S

Flüssige Textilfarben werden mit einem Pinsel aufgetragen. Es gibt viele vorgemischte Farben für helle und dunkle Stoffe. Du kannst aber auch alle Farben mit den Grundfarben selbst zusammenmischen.

Gerade für Lichtpunkte in Augen oder kleine Details eignen sich flüssige Textilfarben super. Fürs Schattieren können sie ebenfalls verwendet werden. Dabei malst du auf angefeuchteten Stoff. Das erfordert etwas Übung.

Für kleine Glanzpunkte kannst du mit einem Zahnstocher oder einer Applizierhilfe arbeiten und so punktuell eine größere Menge Farbe auftragen.

Denk unbedingt daran ein Stück Pappe unter den Stoff zu legen, da die Farbe durchsickern kann.

STEP BY STEP

SCHRITT 1
Lege deine Applikation bereit (A). Du kannst entweder eine fertige Applikation schattieren oder die Stoffteile vorab bemalen. Achte bei einer fertigen Applikation darauf nicht über den Rand zu malen.

SCHRITT 2
Mische einen passenden Farbton für deinen Stoff in einem Schüsselchen zusammen. Probiere die Farben anschließend auf einem kleinen Reststück des Stoffes aus (B).

SCHRITT 3
Befeuchte den Stoff in den Bereichen, die du schattieren willst, mit etwas Wasser (C).

SCHRITT 4
Schattiere deinen Stoff (D–F), indem du die Farbe von außen nach innen aufbringst, so erhält der Rand immer den größten Farbauftrag und es entsteht ein sanfter Verlauf.

Dunkle die Nähte deiner gesamten Applikation etwas ab. Wähle für die richtige Schattierung aber nur kleine Bereiche aus, sonst wird es schnell zu viel und die Schattierung verliert ihre Wirkung.

TIPP: Durch das Wasser, erscheint die Farbe zunächst dunkler. Warte ab bis die Farbe trocken ist, erst dann kannst du das Ergebnis richtig beurteilen.

Abschließend wird die Farbe gemäß der Herstellerangaben mit dem Bügeleisen fixiert.

FERTIG!

TEXTILMARKER

SO GEHT´S

Textilstifte gibt es vor allem in kräftigen Farben, aber auch in richtig tollen Metallicfarben. Ich verwende sie am liebsten für besonders filigrane Details wie Sommersprossen oder Wimpern. Du kannst auch Farbe mit einem Pinsel von der Stiftspitze aufnehmen und zum Schattieren nutzen, wie bei Stempelkissen.

Male mit den Stiften direkt auf den Stoff, so erhältst du deckende Details und kannst kleine Details besser als mit einer Naht darstellen.

Es gibt deckende Töne für das Malen auf dunklen Stoffen und nicht deckende Töne für helle Stoffe.

Probiere die Farben vor der Verwendung immer aus, damit du abschätzen kannst, wie sie sich auf dem Stoff verhalten.

Hier ein Beispiel wie sich Stifte auf Stoff verhalten ...

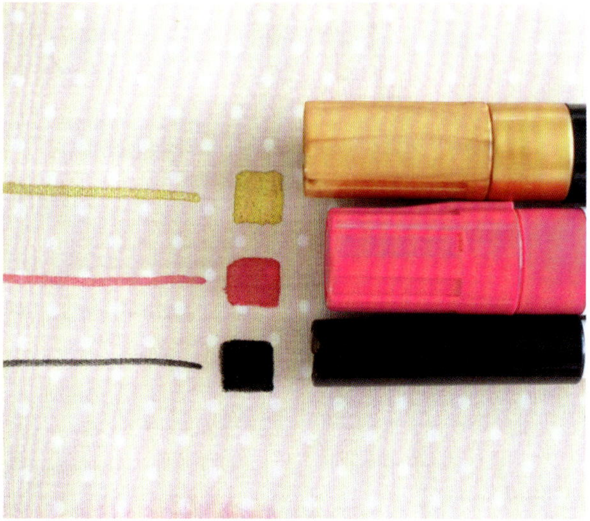

Denk unbedingt daran ein Stück Pappe unter den Stoff zu legen, weil die Farbe durchsickern kann.

STEP BY STEP

SCHRITT 1
Lege deine Applikation bereit (A). Du kannst entweder eine fertige Applikation schattieren oder die Stoffteile vorab bemalen. Achte bei einer fertigen Applikation darauf nicht über den Rand zu malen.

SCHRITT 2
Wähle die passenden Farben für deine Stoffe aus. Probiere sie auf einem kleinen Reststück des Stoffes aus (B). So siehst du, welche Farbe am besten passt und kannst das Auftragen noch mal üben.

SCHRITT 3
Nimm etwas Farbe mit einem kurzen, harten Pinsel auf, indem du mehrfach über die Stiftspitze fährst (C).

SCHRITT 4
Schattiere deine Applikation wie du es bereits bei den Stempelkissen gelernt hast (D–F). Arbeite von außen nach innen, so erhält der Rand immer den größten Farbauftrag und es entsteht ein sanfter Verlauf. Wiederhole den Farbauftrag so oft, bis deine gewünschte Intensität erreicht ist.

TIPP: Du kannst auch direkt mit dem Stift zeichnen, um besonders dunkle Schattierungen an der Naht zu setzen.

Abschließend wird die Farbe gemäß der Herstellerangaben mit dem Bügeleisen fixiert.

FERTIG!

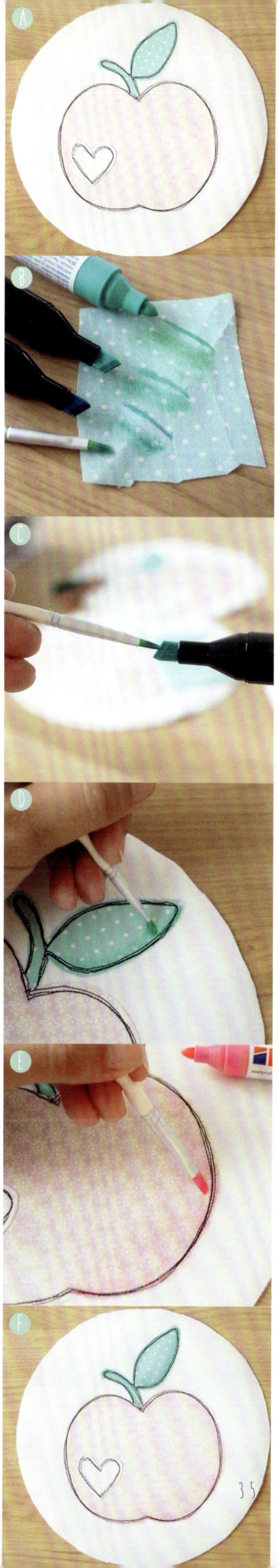

STOFFMALFARBEN-VERGLEICH

WELCHE IST DEIN FAVORIT?

STEMPELKISSEN

TEXTILKREIDE

FLÜSSIGE TEXTILFARBE

TEXTILSTIFTE

WORKSHOP

PRAXISTEIL

HAST DU DIE BASICS DRAUF UND LUST AUF MEHR? DER WORKSHOP WARTET MIT VIELEN SPANNENDEN PROJEKTEN AUF DICH. LERNE MIT JEDEM PROJEKT MEHR ÜBERS APPLIZIEREN. ICH HABE DIE TOLLSTEN TECHNIKEN FÜR DICH GESAMMELT.

PROBIERE SIE EINFACH AUS UND SCHAFFE DABEI EINZIGARTIGE KUNSTWERKE AUS STOFF.

ICH VERWENDE FÜR JEDE APPLIKATION EINE BESTIMMTE ART ZU APPLIZIEREN. FÜHL DICH VÖLLIG FREI, DIE APPLIKATION SO UMZUSETZEN WIE DU WILLST. GENÄHMALT, ALS DOODLE,... WERDE KREATIV!

IN DIESEM WORKSHOPTEIL WERDEN DIE GRUNDLAGEN NUR NOCH SCHNELL ERKLÄRT, DER FOKUS LIEGT IMMER AUF DEN NEUEN TECHNIKEN UND TIPPS. KEHRE DAHER, WENN DU DIR MAL UNSICHER BIST, ZUM KAPITEL „GRUNDLAGEN“ ZURÜCK.

Los geht's!

GLEICHFARBIGE
Applikation

SCHWIERIGKEIT

Hier findest du die Schwierigkeit des Projekts

BEGINNEN WIR MIT EINER ETWAS AUFWENDIGEREN APPLIKATION. FOLGE DER SCHRITT-FÜR-SCHRITT-ANLEITUNG UND PROBIERE ES EINFACH AUS. ICH BIN MIR SICHER, DASS DU ES SCHAFFST!

WIR VERWENDEN BEI DIESER VORLAGE, FÜR DIE STOFFTEILE FARBLICH PASSENDES NÄHGARN. SO ENTSTEHT EINE HARMONISCHE APPLIKATION OHNE HARTE KONTRASTE.

Hier findest du immer die Projektbeschreibung

Ich erkläre dir hier den Aufbau des Workshops. Damit du dich später gut zurechtfindest.

MATERIAL

- Stoffreste in Hellrosa, Rosa, Schwarz und Weiß
- Farblich passendes Garn zu den Stoffen
- Vliesofix
- Bügeleisen

Diese Materialien habe ich benutzt

VORLAGEN

- paulundclara_bärprinzessin (1 VORLAGE)

So heißt die Vorlage in den Dateien

EINSTELLUNG

GERADSTICH

TRANSPORTEUR NICHT VERSENKT

APPLIKATIONS-FUSS

Mit diesen Einstellungen habe ich das Projekt umgesetzt.

Die Bilder zeigen dir wichtige Schritte der Anleitung.

SCHRITT 1
APPLIKATION VORBEREITEN

Pause die gespiegelten Schnittteile mit einem Stift auf die Papierseite des Vliesofix ab. Schneide dann das Vliesofix und deine ausgewählten Stoffe für die Applikation grob in der Größe der Schnittteile aus. Bügle danach das Vliesofix mit der Papierseite nach oben auf die Rückseite der Stoffe. Anschließend schneidest du die Stoffteile so genau wie möglich aus.

SCHRITT 2
APPLIKATION AUFBÜGELN

Löse das Trägerpapier vom Vliesofix ab und lege die Applikation entsprechend der auf dem Schnittbogen vermerkten Reihenfolge auf den Untergrund. Lege dann ein Handtuch oder Backpapier auf die Applikation und bügle das Vliesofix gemäß der Herstellerangaben fest. Achte darauf nur zu drücken und das Bügeleisen nicht zu sehr hin und her zu bewegen. Sonst können sich die Einzelteile verschieben. Lass danach den Stoff abkühlen und prüfe, ob das Vliesofix gut hält. Wenn nicht, kannst du noch mal bügeln.

SCHRITT 3
APPLIKATION AUFNÄHEN

Stelle einen kurzen Geradstich auf deiner Maschine ein (A) und nutze am besten deinen Applikationsfuß. Ich nähe als Erstes einen Kreis mit schwarzem Garn als Hintergrund auf (B). Dadurch wird deine Applikation noch mal deutlich abgesetzt. Es ist einfacher, den Kreis vorab aufzubügeln, festzunähen und anschließend erst die restliche Applikation aufzubügeln. Wähle dann farblich zum Stoff passendes Garn aus. So sind deine Nähte später weniger auffällig. (C).

Nähe die Stoffteile nun nach und nach in den verschiedenen Garnfarben fest (D).

Achte besonders in den engen Kurven darauf, langsam zu nähen und wenn es schwierig wird, die Nadel zu versenken und den Fuß anzuheben, um den Stoff zu drehen.

Nähe jetzt von der Nase nach unten eine Linie im Geradstich. Anschließend nähst du noch in den Ohren ein „V“ mit Geradstich als Struktur. Um die Applikation noch lebendiger zu machen, nähst du danach mit einem schmalen, engen Zickzack-Stich weiße Lichtpunkte in die Augen und auf die Nase (E).

Die Anleitungen sind in die verschiedenen Arbeitsschritte aufgeteilt. Viele Stepps wiederholen sich und werden daher nicht immer im Detail beschrieben. Der Fokus liegt immer auf den neuen Techniken. Eine ganz genaue Beschreibung der Grundlagen findest du auf Seite 12 - 18.

KURZANLEITUNG

SO GEHT´S!

Hier findest du immer eine Kurzanleitung der Arbeitsschritte. Wenn du mehr Übung hast, reicht dir diese schnelle Übersicht oft aus.

Bereite die Stoffteile vor und bügle sie auf den Untergrundstoff.

Nähe die Schichten fest. Umrande sie dafür mit einem Geradstich mit 1 – 2 mm Abstand.

Nähe den Mund und das Ohreninnere auf oder male die Linien mit Textilfarbe nach.

GESPIEGELTER SCHNITTBOGEN

SCHNITTLINIEN AUF VLIESOFIX ÜBERTRAGEN

KRONE

Aus Stoff applizieren.

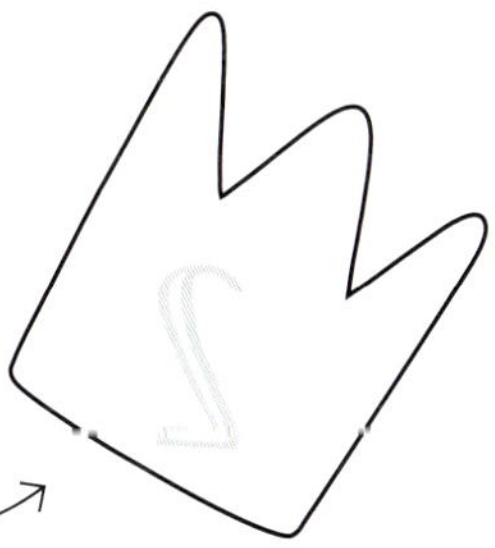

Die Zahlen auf den Schnittteilen markieren die Reihenfolge bei mehrschichtigen Applikationen. 1 ist ganz unten, dann kommt 2 … usw.

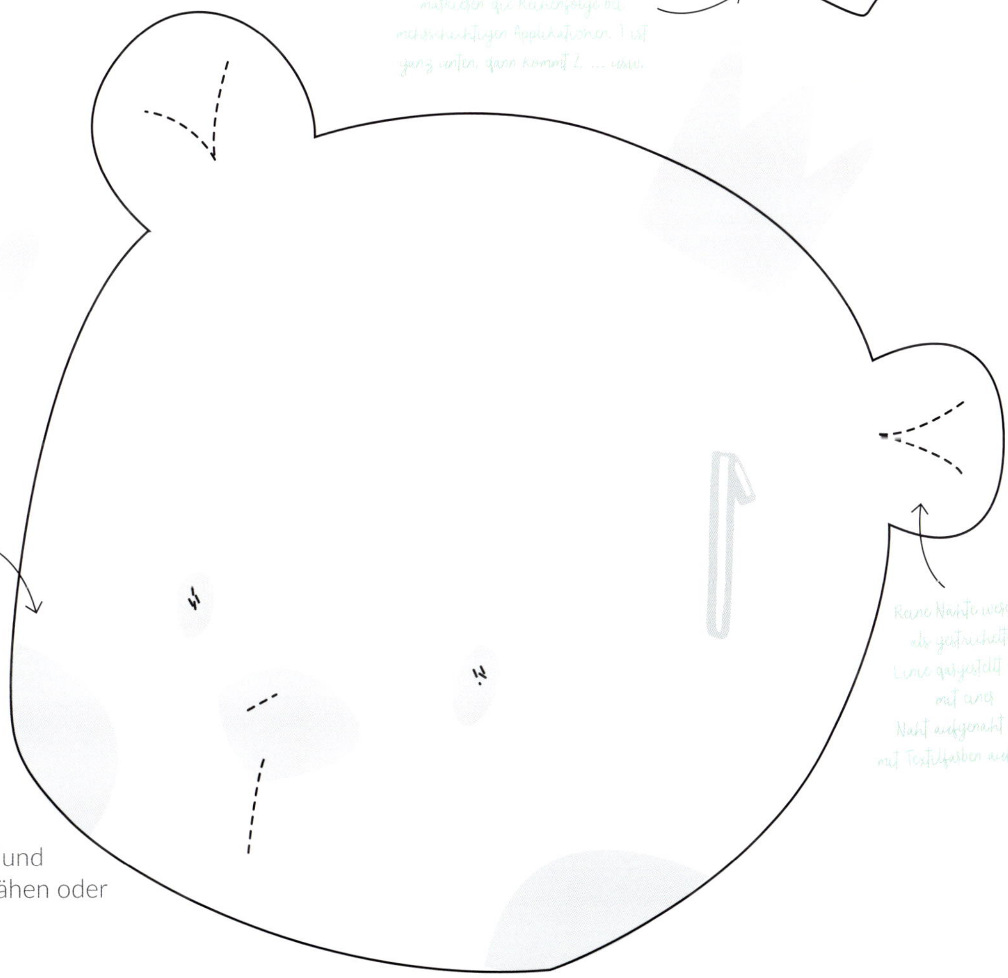

Die Position der Elemente, die auf einem anderen Schnittteil appliziert werden, werden immer grau hinterlegt.

Reine Nähte werden als gestrichelte Linie dargestellt und mit einer Naht aufgenäht oder mit Textilfarben aufgemalt.

KOPF

Aus Stoff applizieren. Mund und Ohreninneres aufnähen oder aufmalen.

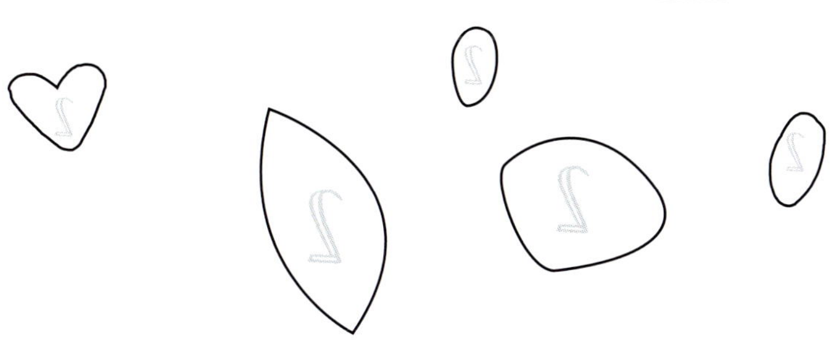

GESICHT

Aus Stoff applizieren.

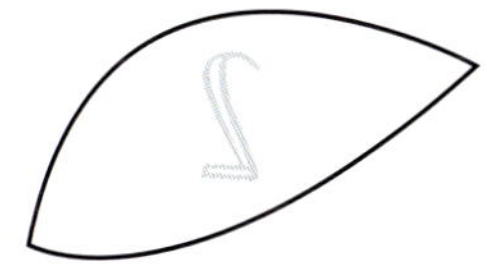

Hier findest du immer den gespiegelten Schnittbogen, damit du auch ohne Drucker gleich loslegen kannst. Die Vorlagen liegen aber auch im Downloadordner. So kannst du sie auch völlig nach deinen Wünschen ausdrucken.

DOODLE
Applikation

SCHWIERIGKEIT

JETZT SETZEN WIR EINE ÄHNLICHE APPLIKATION NOCH IN EINEM ANDEREN STIL UM: DEM DOODLE-LOOK. DARAN WIRST DU ERKENNEN, WIE UNTERSCHIEDLICH EINE APPLIKATION, JE NACHDEM WIE DU SIE UMSETZT, AUSSEHEN KANN.

UMFAHRE DIESES MAL DEINE APPLIKATION MEHRMALS MIT SCHWARZEM GARN, SO ENTSTEHT DER FÜR APPLIKATIONEN TYPISCHE, LOCKERE LOOK. ICH FINDE ES HAT ETWAS HANDGEZEICHNETES UND SEHR INDIVIDUELLES. MEIN ABSOLUTER LIEBLING.

MATERIAL

- Stoffreste in Türkis, Helltürkis, Gelb, Schwarz und Weiß
- schwarzes Garn
- Vliesofix
- Bügeleisen

VORLAGEN

- paulundclara_bärprinz (1 VORLAGE)

EINSTELLUNG

GERADSTICH

TRANSPORTEUR NICHT VERSENKT

APPLIKATIONSFUSS

SCHRITT 1

APPLIKATION VORBEREITEN

Pause die Schnittteile mit einem Stift auf Vliesofix (Papierseite nach oben) ab. Schneide dann das Vliesofix und deine ausgewählten Stoffe grob in der Größe der Schnittteile aus. Bügle danach das Vliesofix mit der Papierseite nach oben auf die Rückseite der Stoffe und schneide die Stoffteile so genau wie möglich aus.

SCHRITT 2

APPLIKATION AUFBÜGELN

Löse das Trägerpapier vom Vliesofix ab (B) und lege die Applikation auf dem Untergrund entsprechend der auf dem Schnittbogen vermerkten Reihenfolge auf (C). Bügle danach das Vliesofix gemäß der Herstellerangaben fest (D). Achte darauf nur zu drücken und das Bügeleisen nicht zu sehr hin und her zu bewegen. Sonst können sich die Einzelteile verschieben. Lass danach den Stoff abkühlen und prüfe, ob das Vliesofix gut hält. Ansonsten kannst du noch mal bügeln.

SCHRITT 3

APPLIKATION AUFNÄHEN

Stelle einen kurzen Geradstich ein und nutze am besten deinen Applikationsfuß. Ich nähe als Erstes wieder einen Kreis mit schwarzem Garn als Hintergrund auf (A).

Bügle dann die Stoffteile auf und nähe sie fest (E). Achte besonders in den engen Kurven darauf, langsam zu nähen und wenn es schwierig wird, die Nadel zu versenken und den Fuß anzuheben, um den Stoff zu drehen.

Wiederhole die Umrandungen 2 – 3 mal und versuche immer eine etwas andere Strecke zu nehmen, so entsteht der Doodlelook. Achte darauf, dass die Nähe sich am Ende der Umrandung immer treffen, damit keine Nahtenden sichtbar sind.

Nähe danach von der Nase nach unten eine Linie im Geradstich. Anschließend nähst du noch in den Ohren ein „V" mit Geradstich als Struktur.

Kurzanleitung

SO GEHT´S!

Bereite die Stoffteile vor und bügle sie auf den Untergrundstoff.

Nähe die Schichten fest. Umrande sie mehrmals, um den Doodlelook zu erreichen.

Nähe den Mund und das Ohreninnere auf oder male die Linien mit Textilfarbe nach.

GESPIEGELTER SCHNITTBOGEN

SCHNITTLINIEN AUF VLIESOFIX ÜBERTRAGEN

KRONE

Aus Stoff applizieren.

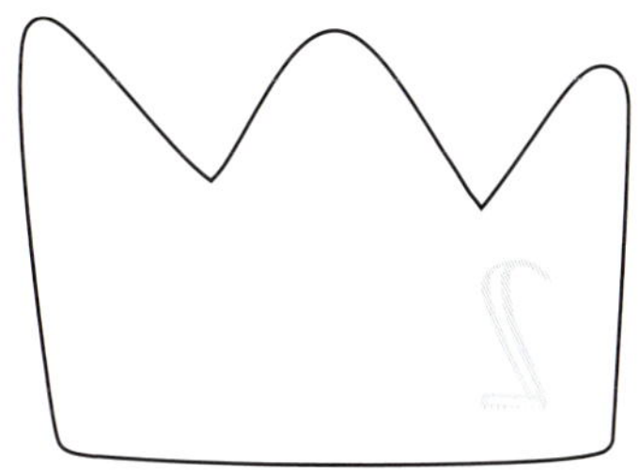

KOPF

Aus Stoff applizieren. Mund und Ohreninneres aufnähen oder aufmalen.

GESICHT

Aus Stoff applizieren.

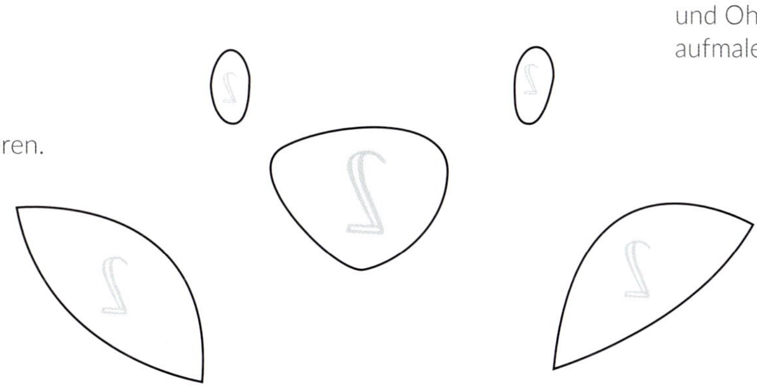

PLÜSCHSTOFFE

für Applikationen nutzen

SCHWIERIGKEIT

BEREIT FÜR DEINE ERSTE APPLIKATION MIT DEM STICKFUSS? BEGINNEN WIR MIT EINER SIMPLEN FORM MIT GENÄHMALTEM GESICHT. DIE APPLIKATION IST AUS PLÜSCH UND FILZ. DIESES MATERIAL LÄSST SICH SUPER APPLIZIEREN. DU MUSST NUR EIN PAAR DINGE BEACHTEN. ICH ZEIG DIR, WIE´S GEHT.

MATERIAL

- Plüschstoff in Weiß
- Filzstoff in Türkis, Rosa und Pink
- farblich passendes Garn
- Vliesofix
- Stickfolie
- Bügeleisen

VORLAGEN

- paulundclara_wölkchen (1 VORLAGE)

EINSTELLUNG

GERADSTICH

TRANSPORTEUR VERSENKT

STICKFUSS

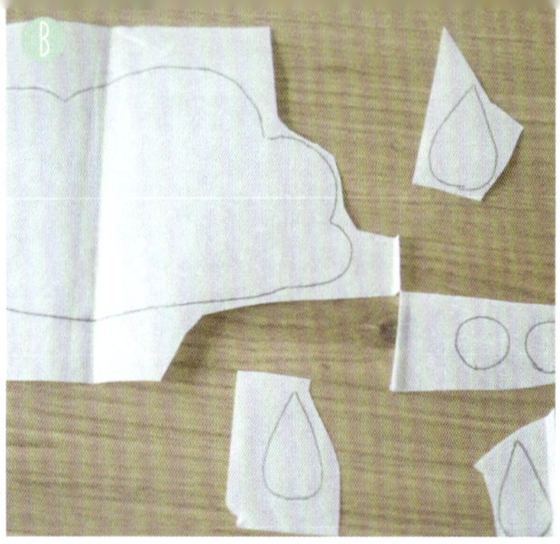

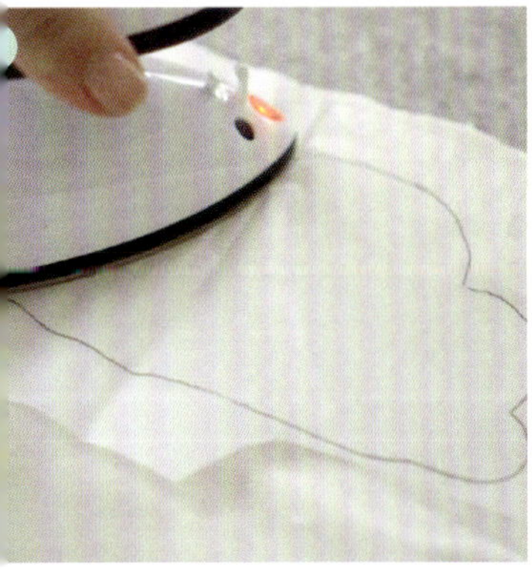

SCHRITT 1

APPLIKATION VORBEREITEN

Pause die Schnittteile mit einem Stift auf Vliesofix (Papierseite nach oben) ab (A). Schneide dann das Vliesofix und deine ausgewählten Stoffe grob in der Größe der Schnittteile aus (B). Danach bügelst du das Vliesofix mit der Papierseite nach oben auf die Rückseite des Stoffes. (C) und schneidest dann die Stoffteile so genau wie möglich aus.

Plüschstoffe fusseln beim Zuschnitt und auch später beim Vernähen stark. Wenn du sie, wie in diesem Fall, nur mit einem Geradstich festnähst, kann der Stoff auch vernäht noch etwas fusseln, das lässt mit der Zeit aber nach.

SCHRITT 2

APPLIKATION AUFBÜGELN

Zieh das Trägerpapier vom Vliesofix ab und lege die Applikation auf den Untergrundstoff. Bügle dann das Vliesofix gemäß der Herstellerangaben fest.

Spanne den Stoff danach in einen Stickrahmen ein. Durch den Rahmen erhält dein Stoff die nötige Spannung, die er benötigt. Setze den Stickrahmen falsch herum zusammen, damit dein Stoff unten eingespannt ist und nicht über den Stickrahmen. Zusätzlich kannst du noch Stickvlies unter deinen Stoff legen. Damit werden die Nähte schöner und der Stoff verzieht sich weniger.

Lege ein Stück Stickfolie auf die Vorlage und übertrage das Gesicht und die Bäckchen. Befestige anschließend die Folie mit ein paar Stecknadeln über der aufgebügelten Wolke. Die Folie trägt zusätzlich dazu bei, dass deine Nähte sauberer werden und nicht im Fell versinken.

SCHRITT 4

APPLIKATION AUFNÄHEN

Befestige den Stickfuß, versenke den Transporteur und stelle einen Geradstich ein. Fädle als Erstes das weiße Garn ein. Umfahre die Wolke einmal mit 1 – 2 mm Abstand. Anschließend nähst du die Tropfen und Wangen in der jeweils passenden Garnfarbe fest (D).

Durch den versenkten Transporteur hast du völlige Bewegungsfreiheit, musst aber auch etwas besser aufpassen, da deine Naht schnell verrutschen kann. Als letztes nähmalst du das Gesicht mit schwarzem Garn auf (E). Fahre die Linien mehrmals nach, damit der Mund gut sichtbar ist. Nähe dann noch die Nähte zwischen der Wolke und den Tropfen. Anschließend wäschst du die Folie einfach mit etwas Wasser aus und lässt den Stoff trocknen.

Es kann helfen, wenn du das Fell an den Augen und dem Mund etwas kürzt. So sind sie besser sichtbar.

TIPP:
Applikationen aus Plüsch oder Filz sind gegebenenfalls nicht für die Maschinenwäsche geeignet. Achte immer auf die Herstellerangaben. Reine Dekostoffe kannst du aber z. B. auf Kissen oder anderen Dingen nutzen, die nicht gewaschen werden müssen.

Kurzanleitung

SO GEHT´S!

Bereite die Stoffteile vor und bügle sie auf den Untergrundstoff.

Nähe die erste Schicht fest.

Appliziere die Wangen.

Nähmale das Gesicht und die Striche zwischen der Wolke und den Tropfen.

GESPIEGELTER SCHNITTBOGEN

SCHNITTLINIEN AUF VLIESOFIX ÜBERTRAGEN

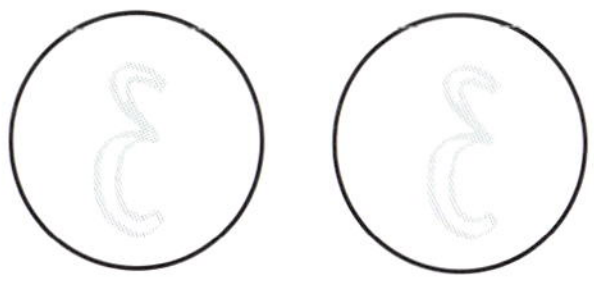

WOLKE

Aus Stoff applizieren. Mund und Augen aufnähen oder aufmalen. Wangen aus Stoff applizieren oder aufmalen.

TROPFEN

Aus Stoff applizieren und Striche aufnähen oder aufmalen.

BUCHSTABEN

ganz einfach applizieren

SCHWIERIGKEIT

WARUM WERDEN EIGENTLICH SO SELTEN BUCHSTABEN APPLIZIERT? ICH FINDE ES SOOOO SOOO COOL! UND VOR ALLEM IST ES WIRKLICH NICHT SCHWER. ICH ZEIGE EUCH, WIE ES FUNKTIONIERT!

GLEICHZEITIG KANNST DU MIT DEM APPLIZIEREN DER BUCHSTABEN WUNDERBAR DEINE FINGER-FERTIGKEIT WEITER AUSBAUEN, DENN SIE HABEN BESONDERS VIELE ENGE KURVEN UND ECKEN.

MATERIAL

- Stoffreste in Weiß
- Neonorganges Garn
- Vliesofix
- Bügeleisen

VORLAGEN

- paulundclara_buchstaben (1 VORLAGE)

EINSTELLUNG

GERADSTICH

TRANSPORTEUR NICHT VERSENKT

APPLIKATIONS-FUSS

SCHRITT 1

APPLIKATION VORBEREITEN

Drucke die Vorlage „buchstaben" aus. Ich habe dir 2 verschiedenen Alphabete vorbereitet, wähle eins davon aus. Pause dann die Buchstaben deiner Wahl auf die Papierseite des Vliesofix ab. Schneide das Vliesofix und deine ausgewählten Stoffe für die Applikation grob in der Größe der Schnittteile aus und bügle das Vliesofix auf die Rückseite der Stoffe. Anschließend schneidest du die Stoffteile so genau wie möglich aus.

SCHRITT 2

APPLIKATION AUFBÜGELN

Löse das Trägerpapier vom Vliesofix ab und lege die Buchstaben auf den Untergrundstoff (A). Versuche sie möglichst auf einer Linie auszurichten und achte darauf, dass die Buchstaben einen guten Abstand zueinander haben. Meist wirkt ein größerer Abstand besser als ein zu enger. Bügle dann das Vliesofix fest.

SCHRITT 3

APPLIKATION AUFNÄHEN

Stelle einen kurzen Geradstich ein und nutze am besten deinen Applikationsfuß.

Umrande die Buchstaben nun möglichst gleichmäßig mit 1 – 2 mm Abstand (B). In den Ecken versenkst du die Nadel, hebst den Fuß an und wendest den Stoff. So gelingen dir schöne, gerade Ecken.

Alternativ kannst du die Buchstaben auch mit einem Zickzack-Stich umranden, so wird deine Applikation noch auffälliger.

Sichere deine Nähte gut, damit sich die Buchstaben nicht mehr lösen können. Hierfür ziehst du den Oberfaden auf die Rückseite und verknotest ihn dort.

GESPIEGELTER SCHNITTBOGEN

EINFACH AUF VLIESOFIX ÜBERTRAGEN

Applikationen

einfach schattieren

SCHWIERIGKEIT

DURCH SCHATTIERUNGEN WERDEN APPLIKATIONEN BESONDERS LEBENDIG. DAS WICHTIGSTE IST, DIE RICHTEN STELLEN ZU SCHATTIEREN UND NUR DEZENT ZU ARBEITEN. SO ENTSTEHT EIN SCHÖNER LOOK MIT VIEL TIEFE.

MATERIAL

- Stoffreste in Grau und Mint
- Schwarzes Garn
- Vliesofix
- Bügeleisen
- Stoffmalfarbe
- Schwarze Flockfolie

VORLAGEN

- paulundclara_bär_auto (1 VORLAGE)

EINSTELLUNG

GERADSTICH

TRANSPORTEUR NICHT VERSENKT

APPLIKATIONS-FUSS

SCHRITT 1
APPLIKATION VORBEREITEN

Drucke die Vorlage „bär_auto“ aus und pause die Schnittteile auf die Papierseite des Vliesofix ab. Schneide das Vliesofix und deine ausgewählten Stoffe für die Applikation grob in der Größe der Schnittteile aus und bügle das Vliesofix auf die Rückseite der Stoffe. Anschließend schneidest du die Stoffteile so genau wie möglich aus (A).

SCHRITT 2
APPLIKATION AUFBÜGELN

Löse das Trägerpapier vom Vliesofix ab und lege die Stoffteile entsprechend der auf dem Schnittbogen vermerkten Reihenfolge auf den Untergrundstoff (B). Bügle jetzt das Vliesofix gemäß der Herstellerangaben fest. Lass danach den Stoff abkühlen und prüfe, ob das Vliesofix gut hält. Ansonsten kannst du noch mal bügeln.

Nutze kleine Reste Flockfolie, um die Augen, Nase und Reifen aufzubügeln.

SCHRITT 3
APPLIKATION AUFNÄHEN

Stelle einen kurzen Geradstich auf deiner Maschine ein und nutze am besten deinen Applikationsfuß. Nähe die Stoffteile nun fest (C).

Nähe danach von der Nase nach unten und unter den Armen eine Linie im Geradstich. Ergänze ebenso noch eine Naht an der Brusttasche.

Schneide anschließend die Augen, die Nase und Reifen aus einem Reststück Flockfolie aus. Lege die Folie auf den Stoff, bedecke sie mit einem Stück Backpapier und bügle sie mit viel Druck mit dem Bügeleisen auf.

SCHRITT 4
SCHATTIEREN

Wähle passende Stoffmalfarben zum Schattieren aus. Teste die Farben auf einem kleinen Reststück, um zu prüfen, ob der Farbton gut passt. Ich nutze Stempelfarbe und trage sie mit einem harten Pinsel an den Nähten auf und blende die Farbe nach innen aus (D).

Setze anschließend mit weißer Stofffarbe Glanzpunkte in den Augen und auf der Nase. Nutze eine Applikationshilfe oder einfach einen Zahnstocher (E).

Alle Tipps zu Textilfarben findest du ab Seite 26.

Kurzanleitung

SO GEHT´S!

Bereite die Stoffteile vor und bügle sie auf den Untergrundstoff.

Nähe die Schichten fest.

Nähe den Mund und die Schnur zum Auto auf. Bügle danach die Flockfolie als Augen, Nase und Reifen auf.

Schattiere die Applikation und male das Innere der Ohren auf.

GESPIEGELTER SCHNITTBOGEN

SCHNITTLINIEN AUF VLIESOFIX ÜBERTRAGEN

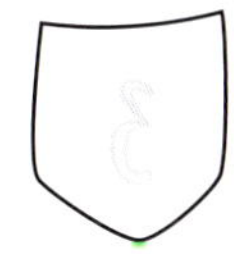

TASCHE

Aus Stoff applizieren.

KOPF

Aus Stoff applizieren.
Mund aufnähen oder aufmalen.

GESICHT

Wangen aus Stoff applizieren, Augen und Nase aus Flockfolie aufbügeln und Ohrinneres aufmalen.

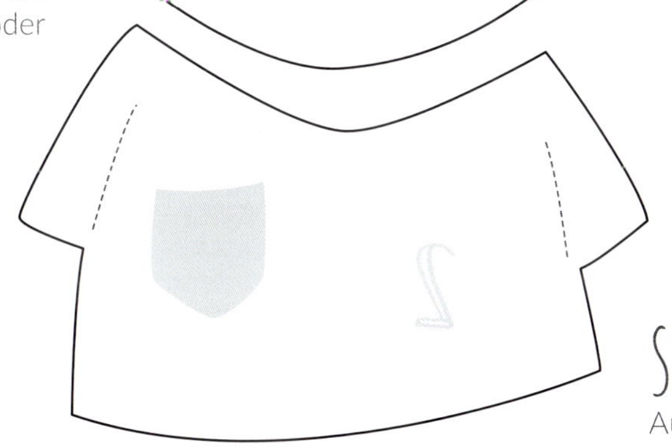

SHIRT

Aus Stoff applizieren.

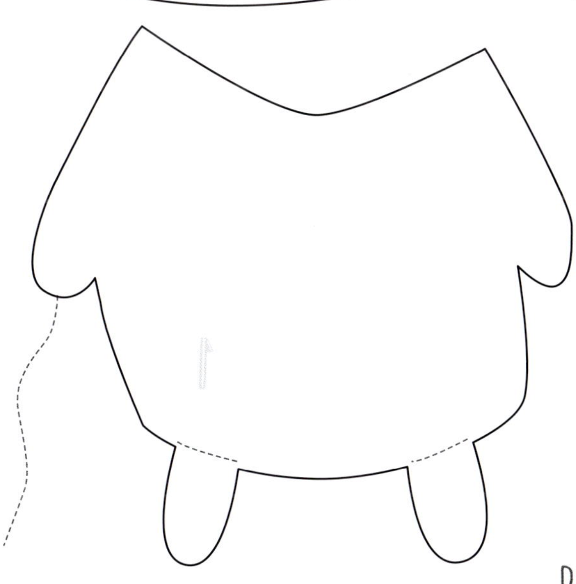

KÖRPER

Aus Stoff applizieren.

AUTO

Aus Stoff applizieren.
Schnur aufnähen oder aufmalen.

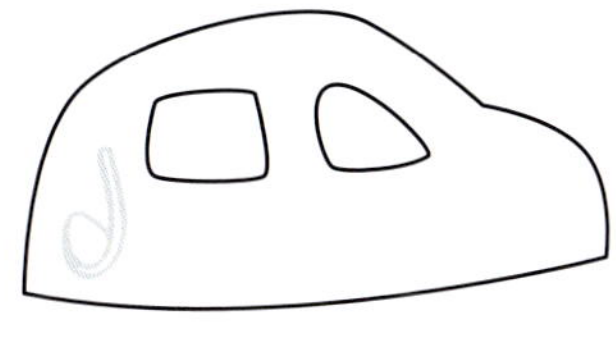

REIFEN

Aus Flockfolie aufbügeln.

VERZIERUNGEN

ergänzen

SCHWIERIGKEIT

EINE SCHLICHTE APPLIKATION IST DIR ZU LANGWEILIG? ERGÄNZE DOCH MAL LABELS, KNÖPFE ODER SCHNÜRE, UM SIE ZU ETWAS BESONDEREM ZU MACHEN.

MATERIAL

- Plüschstoff in Grau, Weiß und Schwarz
- Schwarzes Garn
- Vliesofix
- Bügeleisen
- Label und Lederschnur

VORLAGEN

- paulundclara_bellobruno (1 VORLAGE)

EINSTELLUNG

GERADSTICH

TRANSPORTEUR NICHT VERSENKT

APPLIKATIONS-FUSS

SCHRITT 1

APPLIKATION VORBEREITEN

Pause die Schnittteile auf die Papierseite des Vliesofix ab. Schneide das Vliesofix und deine ausgewählten Stoffe für die Applikation grob in der Größe der Schnittteile aus und bügle das Vliesofix auf die Rückseite der Stoffe. Anschließend schneidest du die Stoffteile so genau wie möglich aus.

SCHRITT 2

APPLIKATION AUFBÜGELN

Schneide ein ca. 50 cm langes Stück Lederschnur ab und lege es unter den Hundekörper auf den Untergrundstoff. Löse dann das Trägerpapier vom Vliesofix ab und bügle den Stoff fest (A). Lege anschließend die restliche Applikation, entsprechend der auf dem Schnittbogen vermerkten Reihenfolge, auf dem Untergrund (B) und bügle das Vliesofix fest.

SCHRITT 3

APPLIKATION AUFNÄHEN

Stelle einen kurzen Geradstich auf deiner Maschine ein und nähe die Stoffteile nach und nach fest (C).

Unter den Ohren nähst du ein Stück weiter hoch am Kopf entlang, wendest den Stoff mit abgesenkter Nadel und nähst dann wieder zurück. Fahre dann mit der Umrandung fort.

Nähe jetzt die Augen mit einem engen Zickzack-Stich auf und verknote anschließend die Lederschnur (D). Fixiere dir Schnurr evtl. noch mit ein paar Nähten.

Anschließend kannst du deine Applikation zusätzlich mit Knöpfen, Schleifen oder, wie in meinem Fall, einem Lederlabel verschönern. Es gibt viele tolle Accessoires für deine Handmade-Schätze, sie verleihen deiner Applikation eine Extraportion Charme.

Kurzanleitung

SO GEHT´S!

Bereite die Stoffteile vor, lege die Schnur unter den Körper und bügle ihn auf den Untergrundstoff.

Bügle die restlichen Schichten auf.

Nähe die Schichten fest und nähe die Augen mit einem engen Zickzack-Strich auf.

Ergänze die Details und binde das Halsband zusammen.

GESPIEGELTER SCHNITTBOGEN

SCHNITTLINIEN AUF VLIESOFIX ÜBERTRAGEN

AUGEN & NASE

Nase und Augenfleck aus Stoff applizieren. Augen mit Zickzack-Stich aufnähen.

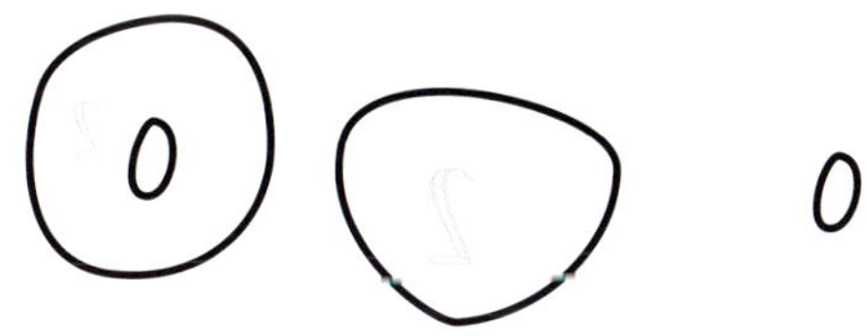

KÖRPER

Aus Stoff applizieren. Mund und Ohrenlinie aufnähen oder aufmalen.

BAUCH & PFOTEN

Aus Stoff applizieren.

HALSBAND

Aus Stoff applizieren oder mit Lederschnur applizieren.

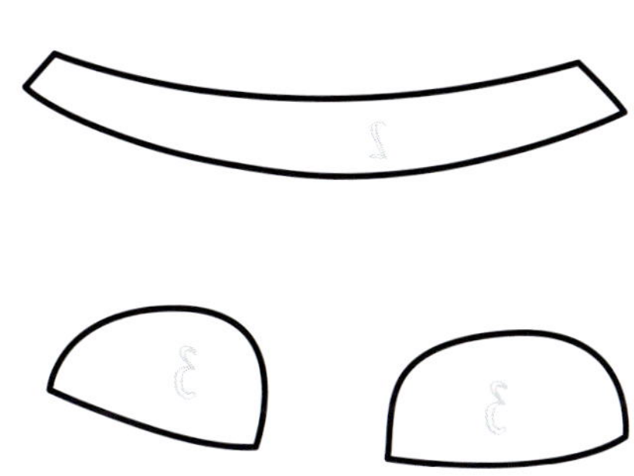

GENÄHMALTE
Applikation

SCHWIERIGKEIT

BEIM NÄHMALEN WIRD DER STICKFUSS VERWENDET UND OHNE TRANSPORTEUR GEARBEITET. DADURCH ENTSTEHEN LOCKERE LINIEN, DIE BESONDERS VERSPIELT WIRKEN.

MATERIAL

- Stoffreste in Braun, Weiß und Grün
- schwarzes Garn
- Vliesofix
- Stickfolie
- Bügeleisen
- Schwarzer Textilmarker

VORLAGEN

- paulundclara_igel (1 VORLAGE)

EINSTELLUNG

GERADSTICH

TRANSPORTEUR VERSENKT

STICKFUSS

SCHRITT 1
APPLIKATION VORBEREITEN

Drucke die Vorlage „igel“ aus und pause die Schnittteile auf die Papierseite des Vliesofix ab. Schneide das Vliesofix und deine ausgewählten Stoffe für die Applikation grob in der Größe der Schnittteile aus und bügle das Vliesofix auf die Rückseite der Stoffe. Anschließend schneidest du die Stoffteile so genau wie möglich aus. Spanne dann den Untergrundstoff, auf den du applizieren möchtest, in einen Stickrahmen. Du solltest mindestens 5 cm Abstand zum Rand lassen, damit du genug Platz für den Nähfuß hast.

SCHRITT 2
STACHELN NÄHMALEN

Platziere die Applikation auf deinen Stoff und male mit Trickmarker ein Oval um den Igelkörper. Markiere dir anschließend noch den groben Umriss des Igels. Lege dann die Stoffteile beiseite. Stelle jetzt einen Geradstich auf deiner Maschine ein, die Stichlänge ist beim Nähmalen nicht wichtig, versenke den Transporteur und nutze am besten deinen Stickfuß. Um den Stickrahmen unter den Nähfuß zu bekommen, musst du diesen noch weiter als normalerweise anheben. Hierfür drückst du den Hebel noch ein Stück weiter nach oben. Das funktioniert eigentlich bei fast jeder Nähmaschine. Ansonsten musst du versuchen, den Stickrahmen etwas schräg zu halten, damit er unter den Fuß passt. Senke den Nähfuß ab und nähmale dann die Stacheln im markierten Bereich (A). Wichtig ist, dass die Stacheln unter dem Igelkörper enden, damit dieser Bereich später vom Igelkörper abgedeckt wird. Fahre von der Mitte nach außen und versuche beim Rückweg noch mal dieselbe Strecke zu nähen.

SCHRITT 3
APPLIKATION AUFBÜGELN

Löse das Trägerpapier vom Vliesofix ab (B) und lege die Applikation auf dem Untergrund entsprechend der auf dem Schnittbogen vermerkten Reihenfolge auf. Achte dabei besonders auf die Markierungen für den Kopf. Fixiere das Vliesofix nun gemäß der Herstellerangaben.

SCHRITT 4
APPLIKATION AUFNÄHEN

Nähmale jetzt die Applikation fest. Ich fahre alle Ränder mehrfach ab, so entsteht ein besonders auffälliger Doodlelook (C).

Um das Gesicht an der richtigen Stelle zu übertragen, lege ich ein Stück auswaschbares Stickvlies auf die Vorlage und pause das Gesicht mit einem Trickmarker ab. Lege anschließend die Folie auf deine Applikation und nähmale die Linien nach. Dann kannst du die Folie einfach mit etwas Wasser abwaschen und lässt den Stoff trocknen.

SCHRITT 5
STOFFFARBE NUTZEN

Zuletzt malst du das Herz mit einem Textilstift auf die Brust des Igels und fixiere die Farbe.

KURZANLEITUNG

SO GEHT´S!

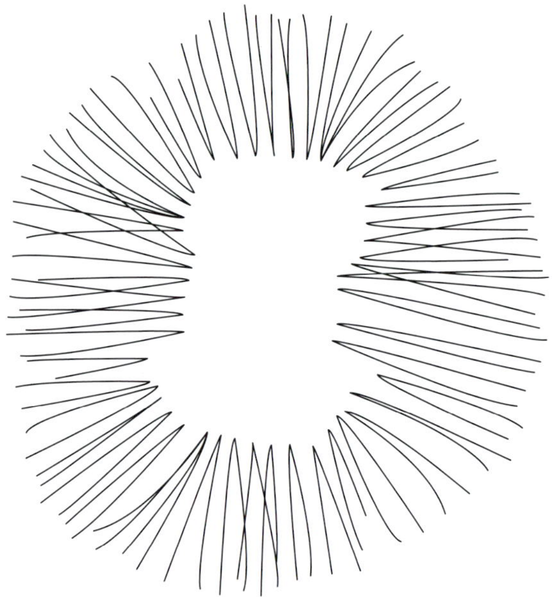

Nähmale die Stacheln.

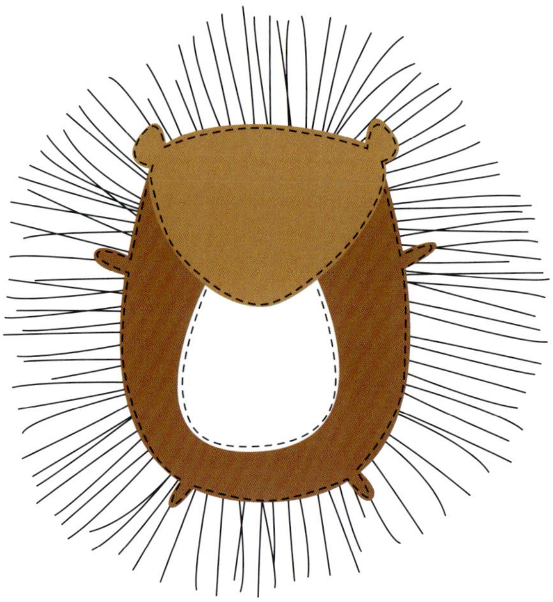

Appliziere die Stoffteile.

Nähmale das Gesicht und die Stirnpartie.

Male das Herz mit Textilstift auf.

GESPIEGELTER SCHNITTBOGEN

SCHNITTLINIEN AUF VLIESOFIX ÜBERTRAGEN

GESICHT

Nähmalen oder mit Stoffmalfarbe aufmalen.

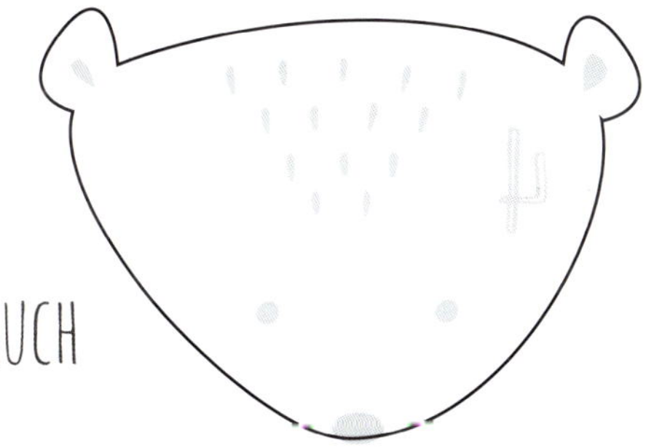

KÖRPER, BAUCH & KOPF

Aus Stoff applizieren.

HERZ

Mit Stofffarbe aufmalen.

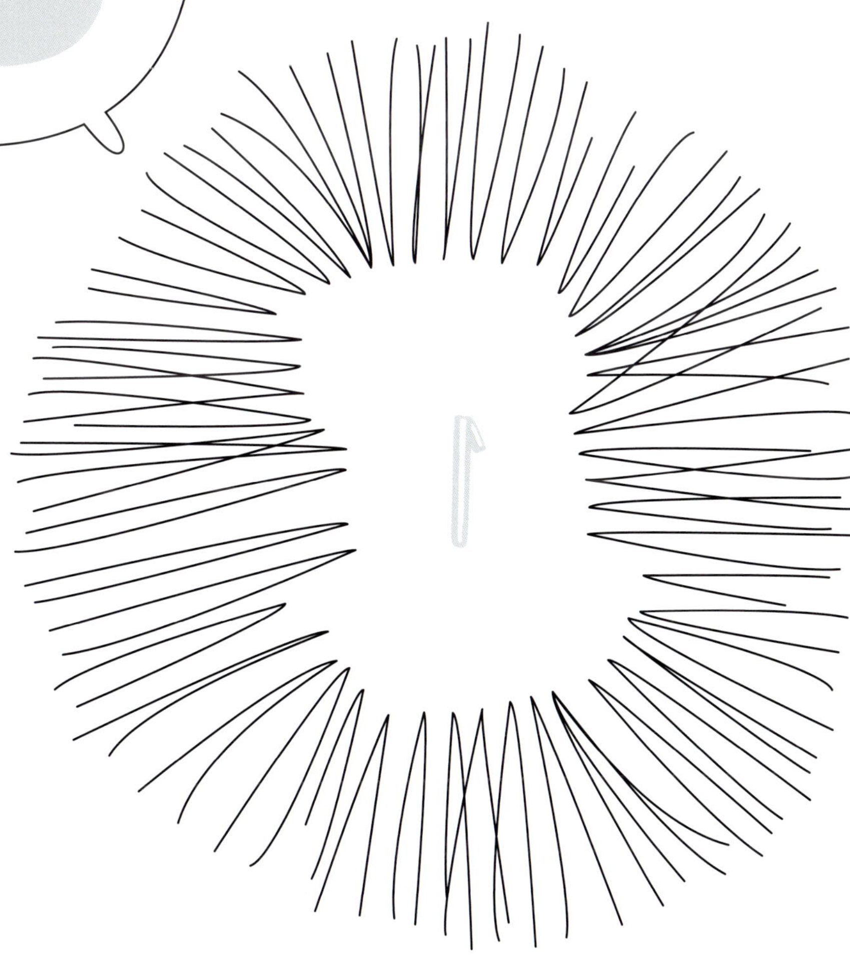

STACHELN

Nähmalen.

WEISSE APPLIKATION

mit Textilfarben kolorieren

SCHWIERIGKEIT

HAST DU MAL NICHT DIE PASSENDEN STOFFE PARAT? DANN PROBIER DOCH MAL EINE APPLIKATION AUS WEISSEM STOFF, DEN DU ANSCHLIESSEND MIT STOFFMALFARBEN EINFÄRBST.

MATERIAL

- Stoffreste in Weiß
- Schwarzes Garn
- Vliesofix
- Bügeleisen
- verschiedene Stoffmalfarben

VORLAGEN

- paulundclara_tiger (1 VORLAGE)

EINSTELLUNG

GERADSTICH

TRANSPORTEUR NICHT VERSENKT

APPLIKATIONS-FUSS

SCHRITT 1

APPLIKATION VORBEREITEN

Drucke die Vorlage „tiger“ aus und pause die Schnittteile auf die Papierseite des Vliesofix ab. Schneide das Vliesofix und den weißen Stoff für die Applikation grob in der Größe der Schnittteile aus und bügle das Vliesofix auf die Rückseite der Stoffe. Anschließend schneidest du die Stoffteile aus (A).

SCHRITT 2

APPLIKATION AUFBÜGELN

Löse das Trägerpapier vom Vliesofix und lege die Applikation entsprechend der auf dem Schnittbogen vermerkten Reihenfolge auf dem Untergrund. Bügle dann das Vliesofix gemäß der Herstellerangaben fest.

SCHRITT 3

APPLIKATION AUFNÄHEN

Nähe die Stoffteile, wie bereits geübt, mit einem Geradstich fest.

SCHRITT 4

APPLIKATION KOLORIEREN

Lege verschiedene Stoffmalfarben und die Vorlage zurecht (B). Teste auf einem Stoffrest des weißen Stoffes die verschiedenen Farben, um die richtigen Farbtöne zu finden.

Färbe zuerst die Stoffe mit dem Pinsel ein. Dafür eignen sich Stempelfarben, Stifte (mit dem Pinsel aufgetragen) oder flüssige Textilfarben. Verwende zuerst einen hellen Farbton, um den Stoff komplett einzufärben und schattiere ihn anschließend mit einem dunkleren Farbton (C). Arbeite von außen nach innen, so entstehen schöne Farbverläufe und eine Schattierung. Hinterlege den Bereich der Nase und Augen ebenso mit etwas dunklerer Farbe.

Als Nächstes zeichnest du mit Bleistift oder Trickmarker das Gesicht und die Details wie z. B. die Streifen des Tigers vor. Male die Elemente dann mit Textilstiften direkt auf den Stoff. Zusätzlich kannst du mit den Stiften noch Konturlinien aufzeichnen (D). So entsteht ein cooler Look, der noch mehr nach einer Zeichnung aussieht.

Nutze weiße Textilfarbe, um an verschiedenen Stellen Lichtpunkte zu setzen (E). So wirkt die Applikation noch lebendiger.

Fixiere die Stoffmalfarbe nun noch nach Hersteller-angabe.

3D-ELEMENTE

ergänzen

SCHWIERIGKEIT

NUTZE 3D-ELEMENTE WIE HAARE ODER SCHLEIFEN, UM EINER APPLIKATION DAS GEWISSE ETWAS ZU VERLEIHEN. PROBIERE ES AUS UND ERSETZE ODER ERGÄNZE ELEMENTE. ES MACHT RICHTIG SPASS!

MATERIAL

- Stoffreste in Beige, Rosa, Blau und Grau
- Farblich passendes Garn zu den Stoffen
- Wolle für die Haare
- Vliesofix
- Bügeleisen
- Textilstifte in den passenden Farben zu deinen Stoffen

VORLAGEN

- paulundclara_mädchen (1 VORLAGE)

EINSTELLUNG

GERADSTICH

TRANSPORTEUR NICHT VERSENKT

APPLIKATIONSFUSS

SCHRITT 1

APPLIKATION VORBEREITEN

Drucke die Vorlage „mädchen" aus und pause die Schnittteile auf die Papierseite des Vliesofix ab. Schneide das Vliesofix und deine ausgewählten Stoffe für die Applikation grob in der Größe der Schnittteile aus und bügle das Vliesofix auf die Rückseite der Stoffe (A). Anschließend schneidest du die Stoffteile so genau wie möglich aus (B).

SCHRITT 2

APPLIKATION AUFBÜGELN

Nimm die Wolle und flechte aus ihr zwei kleine Zöpfe. Benutze etwas Garn um die Enden zu umwickeln. Lasse aber ein Zopfende offen, dieses platzieren wir unter der Mütze, hierfür sollte der Zopf hier so flach wie möglich sein. Löse das Trägerpapier vom Vliesofix ab und lege die Applikation auf dem Untergrund entsprechend der auf dem Schnittbogen vermerkten Reihenfolge auf. Befestige die Zöpfe mit einer Stecknadel oder Stylefix-Band am Kopf des Mädchens. Orientiere dich an der Markierung und platziere dann die Mütze darüber. Bügle jetzt alles fest und lass den Stoff abkühlen.

SCHRITT 3

APPLIKATION AUFNÄHEN

Stelle einen kurzen Geradstich auf deiner Maschine ein und nutze am besten deinen Applikationsfuß. Nähe die Stoffteile nach und nach in den passenden Garnfarben fest (C). Achte besonders in den engen Kurven darauf langsam zu nähen. Wenn es schwierig wird, kannst du die Nadel im Stoff versenken und den Fuß anheben, um den Stoff so zu drehen. Gerade in engen Kurven oder in Ecken hilft das ungemein.

Zeichne das Gesicht mit einem Trickmarker anhand der Vorlage vor. Anschließend nimmst du mit der Fingerspitze ein bisschen Farbe von einem Stempelkissen auf und tupfst die Wangen auf. Male dann mit einem dünnen Textilmarker das Gesicht auf (D).

Male jetzt noch die Details, wie die Rippen der Mütze, mit einem Textilmarker auf (E). Verblende anschließend die Kanten, indem du die Farbe des Textilmarkers mit einem festen Pinsel aufnimmst und die Nähte schattierst.

KURZANLEITUNG

SO GEHT´S!

Bereite die Stoffteile vor und bügle sie auf den Untergrundstoff. Befestige zwei Zöpfe aus Wolle.

Bügle anschließend noch die Mütze auf.

Appliziere nun alle Stoffteile mit einem Geradstich und nähe die Strukturen mit einem Geradstich auf.

Tupfe die Wangen mit Stempelfarbe auf und male das Gesicht mit Textilmarker. Ergänze dann noch Schattierungen an den Nähten.

GESPIEGELTER SCHNITTBOGEN

SCHNITTLINIEN AUF VLIESOFIX ÜBERTRAGEN

MÜTZE

Aus Stoff applizieren

KOPF

Aus Stoff applizieren. Zöpfe an der Markierung befestigen.

GESICHT

Mit Stoffmalfarben aufmalen.

MANTEL, HOSE & SCHUHE

Aus Stoff applizieren. Strukturen mit Geradstich aufnähen.

PAILLETTEN

easy peasy applizieren

SCHWIERIGKEIT

HAST DU LUST AUF EINE EXTRA PORTION „BLING BLING"? DANN APPLIZIERE DOCH MAL ELEMENTE AUS PAILLETTENSTOFF. DAS LÄSST KINDERAUGEN STRAHLEN UND SIEHT RICHTIG TOLL AUS.

GERADE BEI DIESER MEERJUNGFRAU PASSEN DIE PAILLETTEN PERFEKT ALS FLOSSE, DENN SIE WIRKEN WIR ECHTE SCHUPPEN.

MATERIAL

- Stoffreste in Beige und Rosa
- Schwarzes Garn
- Goldener Paillettenstoff
- Vliesofix
- Bügeleisen

VORLAGEN

- paulundclara_meerjungfrau (1 VORLAGE)

EINSTELLUNG

GERADSTICH

TRANSPORTEUR NICHT VERSENKT

APPLIKATIONS-FUSS

SCHRITT 1
APPLIKATION VORBEREITEN

Drucke die Vorlage „meerjungfrau" aus und pause die Schnittteile auf die Papierseite des Vliesofix ab. Schneide das Vliesofix und deine ausgewählten Stoffe für die Applikation grob in der Größe der Schnittteile aus und bügle das Vliesofix auf die Rückseite der Stoffe. Für die Schwanzflosse verwende ich Paillettenstoff. Bügle auch auf ihn das Vliesofix auf. Anschließend schneidest du die Stoffteile so genau wie möglich aus. Der Paillettenstoff lässt sich etwas schwerer ausschneiden und du wirst ein paar Pailletten beschädigen. Das lässt sich leider kaum vermeiden. Entferne zu stark beschädigte Pailletten, indem du den Faden, an dem sie befestigt sind, auftrennst.

SCHRITT 2
APPLIKATION AUFBÜGELN

Löse das Trägerpapier vom Vliesofix ab und lege die Stoffteile entsprechend der auf dem Schnittbogen vermerkten Reihenfolge auf den Untergrundstoff (A). Bügle jetzt das Vliesofix gemäß der Herstellerangaben fest (B). Beachte, dass es etwas länger dauert bis das Vliesofix unter dem Paillettenstoff heiß wird, da die Pailletten die Hitze etwas abhalten.

SCHRITT 3
APPLIKATION AUFNÄHEN

Stelle einen kurzen Geradstich ein und nutze am besten deinen Applikationsfuß. Beginne damit den Paillettenstoff zu applizieren. Nähe hierfür wie gewohnt mit 1 – 2 mm Abstand zum Rand um die Applikation. Durch die Pailletten kann das Nähen etwas schwerer sein, nähe deswegen langsam und achte darauf, dass deine Nadel nicht bricht. Besonders gut hält der Paillettenstoff mit einem Zickzack-Stich, welchen du ganz an den Rand setzt. Ich verwende lieber einen Geradstich, er ist dezenter.

Umrande nun die restlichen Stoffteile der Applikation wie gewohnt. Die Struktur-Linien der Haare, der Flosse und des Muschel-BHs malst du dir am besten grob auf deinen Stoff vor, z. B. mit einem Trickmarker, und nähst sie dann mit einem Geradstich nach. Ich nähmale die besonders filigranen Details, wie das Haargummi, mit versenkten Transporteur. So geht es deutlich schneller.

SCHRITT 3
STOFFMALFARBE AUFTRAGEN

Tupfe jetzt noch die Wangen mit Stoffmalfarbe auf und male das Gesicht mit einem Bleistift oder Trickmarker anhand der Vorlage vor. Wenn du zufrieden bist, fährst du die Linien mit einem dünnen Textilmarker nach. Fixiere als Letztes noch die Farben gemäß der Herstellerangaben.

TIPP
Die Pailletten am Rand werden sich später nicht mehr wenden lassen, weil sie festgenäht sind. Du kannst das verhindern, indem du die Applikation mit 2 cm Beschnitt ausschneidest und dann den Rand von Pailletten befreist. Appliziere die Flosse dann so eng wie möglich an den Pailletten ohne diese festzunähen. Danach schneidest du den überstehenden Untergrundstoff der Pailletten zurück.

Kurzanleitung

SO GEHT´S!

Bereite die Stoffteile vor und bügle sie auf den Untergrundstoff.

Nähe die Schichten fest.

Nähe das Gesicht, den Bauchnabel und die Struktur des Muschel-BHs sowie der Haare mit einem Geradstich auf. Falls du keinen Paillettenstoff für die Flosse verwendest, nähst du noch die Struktur der Flosse auf.

Nutze Textilfarbe für die Sommersprossen, Wimpern und Wangen.

GESPIEGELTER SCHNITTBOGEN

SCHNITTLINIEN AUF VLIESOFIX ÜBERTRAGEN

KÖRPER

Aus Stoff applizieren. Gesicht und Strähne aufnähen oder aufmalen. Sommersprossen mit Stoffmalfarbe aufmalen.

HAARE

Aus Stoff applizieren, Struktur aufnähen.

FLOSSE

Aus Pailletten-Stoff applizieren. Alternativ kann auch normaler Stoff verwendet werden, dann die Struktur aufnähen.

MUSCHELN

Aus Stoff applizieren, Struktur aufnähen.

WANGEN

Aus Stoff applizieren oder aufmalen.

NÄHMALEN lernen

SCHWIERIGKEIT

JETZT WIRD ES ZEIT, DASS DU DICH TRAUST GANZ FREI ZU ARBEITEN. NÄHMALE DEINE ERSTE EIGENE APPLIKATION!

LASS DEINER FANTASIE FREIEN LAUF!

MATERIAL

- Stoffrest in Gelb
- schwarzes Garn
- Vliesofix
- Bügeleisen
- Stoffmalfarbe
- Stickrahmen

VORLAGEN

- paulundclara_vogel (1 VORLAGE)

EINSTELLUNG

GERADSTICH

TRANSPORTEUR VERSENKT

STICKFUSS

SCHRITT 1
APPLIKATION VORBEREITEN

Zeichne einen Vogel auf ein Stück Vliesofix (A). Alternativ kannst meine Vorlage, die du in den Downloads findest, verwenden und abpausen. Bügle das Vliesofix anschließend auf den gelben Stoff auf und schneide den Umriss aus (B). Halte den Stoff jetzt gegen ein Fenster oder leg ihn auf ein Lichttablet und zeichne die wichtigsten Strukturlinien mit Trickmarker auf den Stoff. An diesen Linien kannst du dich beim Nähmalen orientieren.

SCHRITT 2
APPLIKATION AUFBÜGELN

Ziehe das Trägerpapier vom Vliesofix ab und lege den Stoff auf den Untergrundstoff. Bügle dann das Vliesofix fest.

SCHRITT 3
APPLIKATION AUFNÄHEN

Spanne den Stoff jetzt in einen Stickrahmen. Der Rahmen sollte mindestens 5 cm größer sein, als deine Applikation, damit du genug Platz hast, um den Nähfuß zu bewegen. Setze den Stickrahmen falsch herum zusammen, sodass der Stoff unten im Rahmen sitzt (C). Nutze unbedingt zusätzlich Stickvlies, sonst verzieht sich dein Stoff evtl..

Setze den Stickfuß deiner Maschine ein oder nähe ganz ohne Fuß und wähle einen Geradstich. Die Länge des Geradstiches bestimmst du beim Nähen mit der Geschwindigkeit, mit der du den Stoff bewegst.

Versenke nun noch den Transporteur. Wie dies bei deiner Nähmaschine funktioniert, kannst du in deiner Betriebsanleitung nachlesen.

Du kannst den Stoff nun völlig frei bewegen und nach links, rechts, oben und unten nähen. Dadurch werden deine Nähte etwas wackliger. Je schneller du nähst, desto gerader werden die Nähte wieder.

Deswegen ist Selbstsicherheit sehr wichtig. Näh drauf los und schau, wo es dich hinführt (D). Umrande den Stoff mehrfach und nähmale die Strukturen nach. Durch Schraffierungen kannst du die Applikation interessanter gestalten. Nähe anschließend noch die Füße und die Augen auf.

SCHRITT 4
SCHATTIEREN

Nutze Textilfarben, um die Applikation einzufärben. So kannst du Bereiche wie die Brust oder die Flügel abheben und deine Applikation noch interessanter gestalten (E).

TIPP
Du kannst auch ohne Stoffapplikation auf Stoffe nähmalen. Zeichne einfach Bilder auf deinen Stoff oder schreibe sogar ganze Texte. Experimentiere mit dieser Technik, es macht wahnsinnig Spaß!

ANLEITUNG & VORLAGE VON

NIKIKO Design

TEXTILMALEN

mit Textilmarkern

SCHWIERIGKEIT

★★★

DAS TEXTILMALEN MIT TEXTILMARKERN IST EINE WEITERE RICHTIG TOLLE MÖGLICHKEIT, UM MOTIVE AUF STOFF ZU ÜBERTRAGEN. ICH FREUE MICH WAHNSINNIG, DASS DIE WUNDERBARE NIKIKO IHRE TECHNIK HIER VORSTELLT.

TEXTILMALEN ERÖFFNET GANZ NEUE WEGE, SELBST GENÄHTE KLEIDUNG ODER AUCH FERTIGE KLEIDUNGSSTÜCKE ZU VERSCHÖNERN. MACH EINFACH MIT UND PROBIER ES AUS.

MATERIAL

- Leucht-Tablett
- Textilmarker
- Freezerpaper oder Sprühkleber
- Stoff oder gekauftes T-Shirt

VORLAGEN

- nikiko_smile (1 VORLAGE)

Poste deine Werke unter dem Hashtag #textilmalen auf Instagram. Ich bin schon sehr gespannt auf deine Ergebnisse!

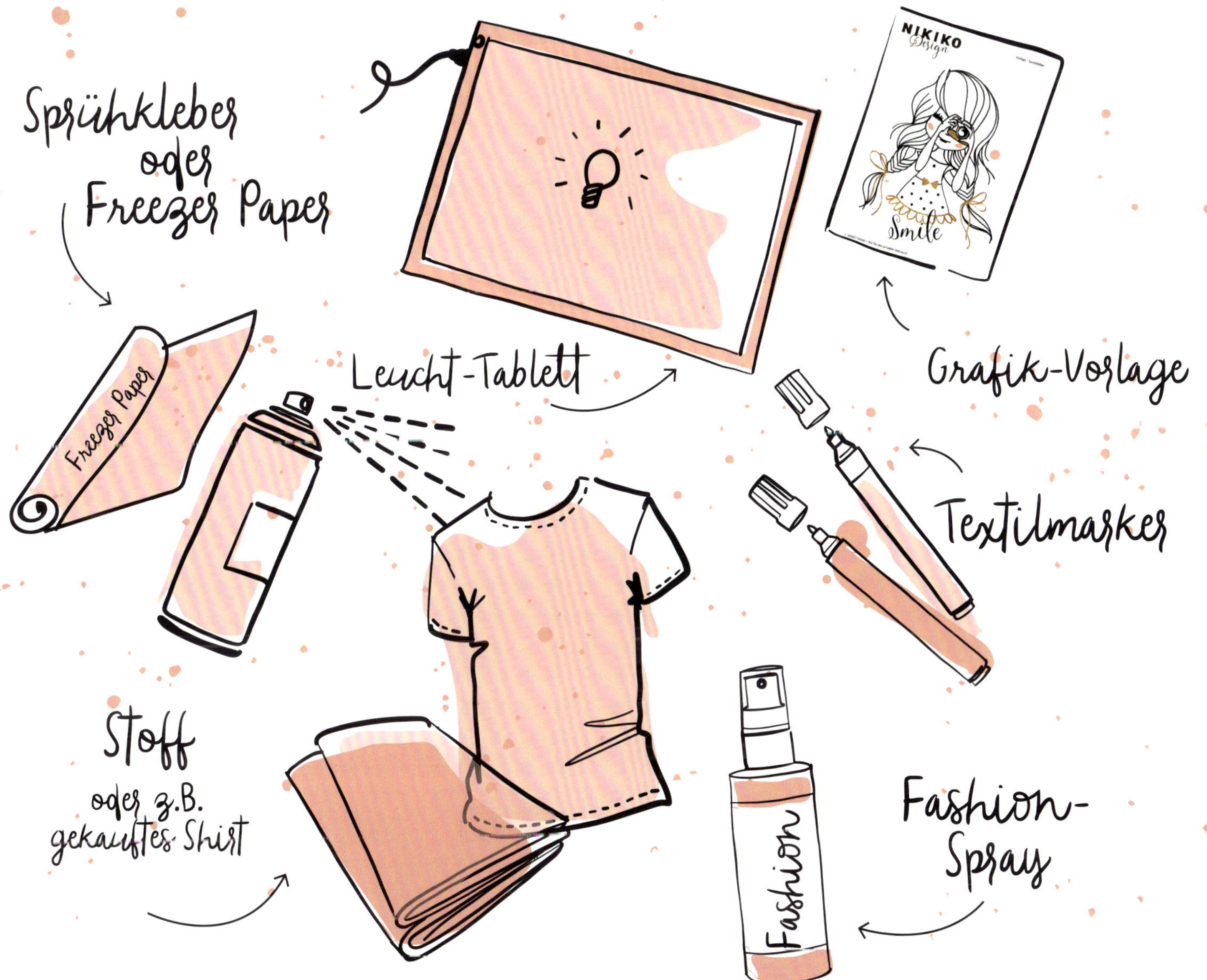

WAS BRAUCHST DU?

LEUCHT-TABLETT

Für die Übertragung der Grafikvorlage auf den Stoff brauchst Du ein Leucht-Tablett (Lichttisch). Die integrierten hellen LED-Lampen bieten eine absolut gleichmäßige Leuchtfläche.

Leucht-Tabletts gibt es bereits in den Formaten DIN A4 und DIN A3. Auf DIN A3-Tabletts steht Dir eine große Zeichenfläche zur Verfügung. Beachte jedoch, wenn Du z. B. Kindershirts bemalen möchtest, dass ein DIN A4 Leucht-Tablett geeigneter ist. Es passt gut in kleinere Größen bei „Kauf-Kleidung", da man es einfach zwischen die beiden Stofflagen schieben kann.
Der große Vorteil eines Leucht-Tabletts ist, dass Du bequem auf dem Tisch zeichnen kannst und der Arm, beim Abzeichnen am Fenster, nicht schwer wird. Außerdem kannst du unabhängig von der Tageszeit arbeiten. Jedoch solltest Du auch tagsüber darauf achten, dass der Raum abgedunkelt ist und die Grafikvorlage richtig „durchleuchtet" wird.
Andere selbst gebaute „Wackelkonstruktionen" bieten zudem auch keine gleichmäßige Leuchtfläche.

SPRÜHKLEBER ODER FREEZER PAPER

Das Wichtigste ist, dass der Stoff stabilisiert wird. Das heißt, der Stoff muss fixiert werden.

Es gibt zwei Möglichkeiten den Stoff zu stabilisieren. Zum einen kannst Du Sprühkleber zum vorübergehenden Fixieren von Stoff und Papier verwenden. Es gibt geeignete Sprühkleber für textile Arbeiten. Diese sind auch vollständig wieder auswaschbar.

Zum anderen bietet „Freezer Paper" einen super Halt, um Stoff besser bemalen zu können. Es wird einfach auf den Stoff gebügelt und kann eben so gut wieder abgezogen werden. Ursprünglich wird es zum Einfrieren von Lebensmitteln benutzt - daher rührt auch der Name Freezer Paper.

STOFF - ABER WELCHEN?

Du kannst Stoffzuschnitte bemalen oder auch gekaufte T-Shirts. In dieser Anleitung wird insbesondere das Malen auf elastischen Stoffen beschrieben. Da es sich auf dehnbaren Untergrund schwieriger malen lässt, als auf festen Stoffen wie Webware oder Canvas.

Zum Textilmalen mit Marker eignen sich besonders helle, ruhige und dünne Stoffe.

Hell aus dem Grund, da die Leuchtkraft des Leucht-Tabletts bei dunkleren Stoffen nachlässt und die Motive nicht mehr durchscheinen.

Die ausgewählten Motive kommen besonders gut zur Geltung, wenn sie auf einem einfarbigen oder einem ganz ruhigen Stoffmuster stehen. Die gezeichneten Grafiken auf einfarbigen Stoffen kann man super durch simple Muster um das Motiv herum ergänzen oder mit Hintergründen im Aquarell-Look kombinieren.

Zum Einstieg und den ersten Stoffmalarbeiten verwendest du am besten ganz normalen Jersey. Nach ein paar gelungenen Motiven kannst du auch etwas dichter gewebten Jersey oder Sommersweat verwenden.

Dünnere Stoffe eignen sich am besten, weil die Stoffoberfläche direkt an der Vorlage klebt und fest fixiert ist. Sweat-Stoffe haben unter der glatten oberen Gewebeschicht eine angeraute Rückseite, Schlingen oder eine kuschelige Rückseite. Somit bleibt immer eine Art weicher Puffer zwischen der Stoffoberfläche und der Papiervorlage, die sich beim Malen mitschieben kann.

Das Bemalen nichtelastischer Stoffe, wie z. B. Webware, ist wesentlich einfacher, da die Marker problemlos über die Stoffoberfläche gleiten und das Nachzeichnen der Vorlage gut gelingt. Daher ist bei solchen Stoffen das Fixieren der Vorlage nicht zwingend erforderlich, vereinfacht aber dennoch das Abzeichnen, weil die Vorlage so nicht verrutscht. Und alles zusammen (Stoff mit Vorlage) „beweglich“ (und drehbar) ist.

GRAFIK-VORLAGE

Zum Abzeichnen brauchst Du eine Grafikvorlage, die du dir einfach auf einem normalen Blatt Papier in gewünschter Größe ausdruckst.

Dazu kannst du Textilmalvorlagen z. B. von NIKIKO oder auch deine eigenen Motive verwenden.

Bei eigenen Motiven empfiehlt es sich die Konturen mit einem schwarzen Faserstift nachzuzeichnen, damit sie gut unter dem Stoff sichtbar sind.

TEXTILMARKER

Zum Abzeichnen deines Motives verwendest du einen schwarzen Textilmarker. Am besten eignen sich die Textilmarker von edding.

Der edding Wäschemarker 8040, eigentlich ein Beschriftungs-Marker, ist zum dauerhaften Nachzeichnen der Grafiken super geeignet. Die Grafik ist wasser - und waschfest. Die geruchsarme Tinte trocknet schnell und ist waschfest bis zu einer Temperatur von sogar 95°.

Einige Marker anderer Hersteller sind allerdings nur bis 40° waschbar. Schau dazu unbedingt auf die Gebrauchsanleitung der einzelnen Stifte, die du verwenden möchtest.

Edding hat ein großes Sortiment an dicken und dünnen Textilmarkern, die bis zu 60° waschbar sind.

Für dünnere Striche oder Schriftelemente ist der „Laundry-Tec“ von PILOT sehr empfehlen. Dieser Stift hat eine Kugelspitze und keine Filzspitze. Der Stift gleitet daher richtig gut auf Stoff.

Um Akzente zu setzen, kann ich die Marabu Glitterliner empfehlen. Der Glittereffekt ist superschön!

Wichtig bei allen Markern ist, die Farbe nach dem Auftragen trocknen zu lassen und dann durch Bügeln (ohne Dampf) zu fixieren, sonst verblassen die Farben beim Waschen!

SCHRITT 1. STOFF BÜGELN

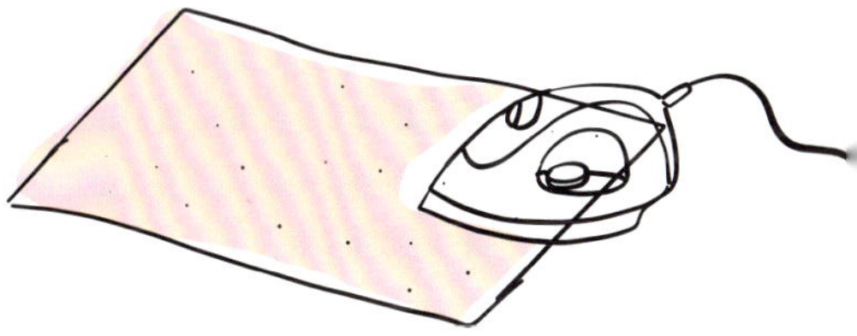

Zu Beginn bügelst du den Stoff, den du bemalen möchtest, damit du eine knitterfreie Oberfläche hast.

SCHRITT 2. STOFF STABILISIEREN

Damit du die Stoffvorderseite gut bemalen kannst, muss der Stoff stabilisiert werden. Durch die Stabilisierung des Stoffes dehnt sich der Stoff beim Zeichnen nicht und der Stift gleitet flüssig über den Stoff. Nur so gelingt eine saubere Übertragung der Grafik auf den Stoff. Dazu gibt es zwei Möglichkeiten.

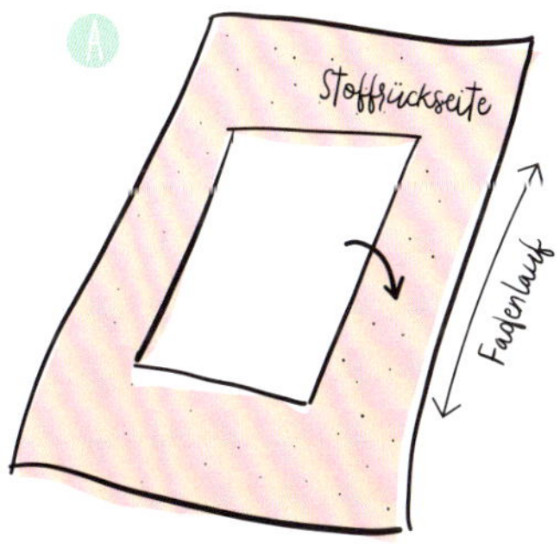

A) Freezer Paper: Schneide aus dem Freezer Paper ein Blatt im Format DIN A4 zu. Drucke nun die Textilmalvorlage spiegelverkehrt mit einem Tintenstrahldrucker auf das Blatt. Achte dabei darauf, dass du auf die matte Seite druckst.

Achtung: Der Ausdruck ist nur mit Tintenstrahldruckern möglich!

Die glatte Seite des Papiers bügelst du nun, im Fadenlauf des Stoffes, auf die Stoffrückseite. Wende den Stoff und bügle auch die Stoffvorderseite noch einmal. Es dürfen keine Luftblasen entstehen.

B) Sprühkleber: Als Erstes wird die Malvorlage, in deiner ausgedruckten Wunschgröße, mit dem Fixierspray besprüht. Besprühe die gesamte Vorderseite. Das Blatt wird auf die Stoffrückseite geklebt und mit ein bisschen Druck glatt gestrichen. Achte darauf, dass deine Vorlage im Fadenlauf des Stoffes liegt. Es ist sehr wichtig, dass das Papier fest auf dem Stoff klebt.

SCHRITT 3. MOTIV AUF STOFF ÜBERTRAGEN

Lege den Stoff mit der fixierten Vorlage auf den Leuchttisch. Zeichne das Motiv von der Vorlage ab. Zeichne langsam und geduldig. Auch wenn der Stoff jetzt gut fixiert ist, ist es ein anderes Material als Papier. Am besten malst du dich, bevor du mit dem richtigen Stoff loslegst, ein bisschen ein. Verwende einen Stoffrest und ziehe ein paar Linien, um ein Gefühl für das Material zu bekommen.

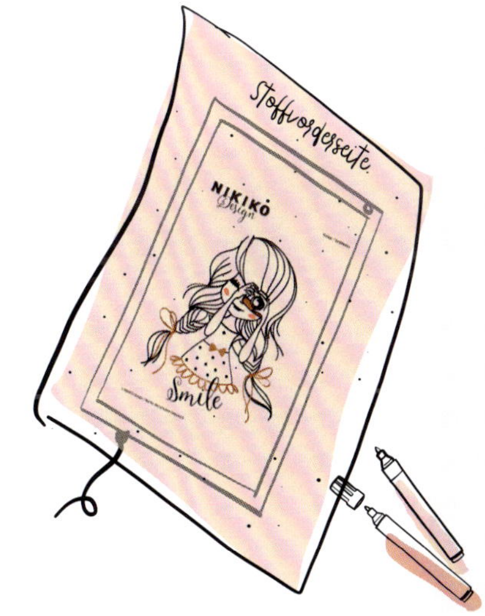

Bei einigen Stoffen lösen sich beim Zeichnen ein paar Stofffasern, die an der Filzmine des Stiftes hängen bleiben. Die zupfst du zwischendurch immer mal wieder ab. Beim Zeichen auf Sweat empfiehlt es sich die Stiftspitze nicht so stark aufzudrücken, dann gleitet der Stift besser über den Stoff.

Kleinere Teile der Grafik kann man manchmal nur undeutlich durch den Stoff hindurch erkennen. Drucke dir die Grafik-Vorlage am besten ein zweites Mal aus und lege sie dir neben deine Arbeit. So hast du das Motiv immer im Blick. Schalte das Leucht-Tablett auch ab und zu aus und kontrolliere deine Zeichnung. Farbige Elemente lassen sich ohne Licht besser ausmalen.

Zum Schluss kannst du noch kleine Korrekturen vornehmen oder Lücken schließen. Wenn du fertig bist, ziehst du die Vorlage einfach von der Stoffrückseite ab.

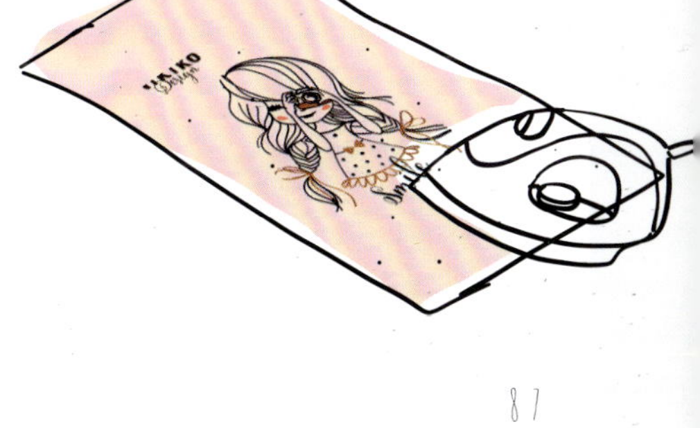

SCHRITT 4. GRAFIK FIXIEREN

Zum Schluss fixierst du Deine gezeichnete Grafik durch Bügeln (ohne Dampf). Einige Farben müssen erst trocknen, bevor du sie fixieren kannst. Nun ist dein Motiv waschfest. Du hast es geschafft!

Smile
Smile

Smile
Smile
JAVANA
GLITTER
edding 8040
JAVANA
TEXTIL ART MARKER
brush

1 mm

„Klasse! Das eröffnet ganz neue Wege, genähte Sachen zu verschönern!"

TINILENCHEN

JULELU

Abpausen kann ich.

„So einfach und einfach nur genial."

KIRSCHKRÜMEL

„Toll um noch kreativer zu sein!"

„Stoffmalen ist super einfach und auch perfekt für kleine Künstler."

LIEBELEI BY MANUE

„Genähte Sachen **noch schöner machen.**"

EULIS NÄHWERKSTATT

Textil
Marabu
KREUL
JAVANA
Stoffmalfarbe für
helle Stoffe
Lemon Yellow
BN15-A BLACK
No Smudge
Waterproof

YEAH!

GLÜCKWUNSCH

DU HAST DAS APPLIZIEREN FÜR DICH ENTDECKT UND DICH DURCH DEN WORKSHOP GEARBEITET. ICH BIN MIR SICHER, DU BIST JETZT AUCH INFIZIERT UND HAST DEINEN EIGENEN STIL GEFUNDEN.

DENN DAS IST DAS WICHTIGSTE: HALTE DICH NICHT AN MEINE ANLEITUNGEN, FINDE SELBST HERAUS, WIE DU DIE APPLIKATIONEN UMSETZEN WILLST UND MACH SIE ZU DEINEM EINZELSTÜCK.

DA ES GENAU DARUM GEHT, MÖCHTE ICH DIR AUF DEN FOLGENDEN SEITEN EIN PAAR MEINER LIEBSTEN MÄDELS VORSTELLEN. SIE APPLIZIEREN EINFACH ZAUBERHAFT. JEDE IN IHREM GANZ EIGENEN STIL UND AUF IHRE EIGENE WEISE UND ICH FREUE MICH SEHR, DASS SIE DIR IHRE ART DES APPLIZIERENS ZEIGEN.

Wie applizierst du? Verwende den Hashtag #APPLI1X1, damit ich deine Werke bewundern kann.

SPECIAL

APPLIZIEREN MIT

missichen

Es gibt ganz viele wunderbar talentierte Menschen, die wunderschön nähen und applizieren können. Melissa von Misschen ist eine davon. Ich bewundere ihre Arbeiten schon lange und freue mich wahnsinnig, dass sie anhand dieser süßen Lady zeigt, wie sie arbeitet.

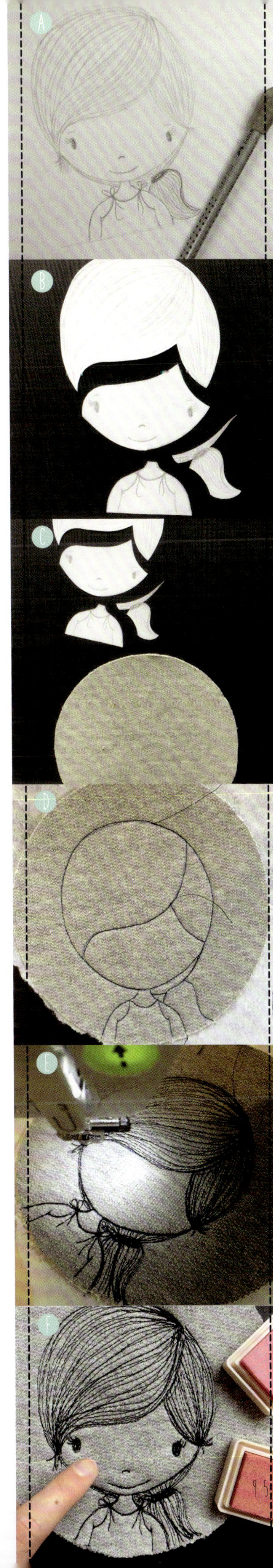

SCHRITT 1
Zeichne deine Vorlage auf Papier vor (A).

SCHRITT 2
Schneide dann die verschiedenen Bereiche auseinander, so erhältst du eine Schablone (B).

SCHRITT 3
Übertrage die Umrisse mit einem Bleistift oder Trickmarker auf ein Stück Stoff (C).

SCHRITT 4
Lege ausreißbares Stickvlies unter deinen Stoff, damit sich nichts verzieht. GANZ WICHTIG!

SCHRITT 5
Stelle die Stichlänge und Spannung ein. Meine Einstellungen siehst du hier:

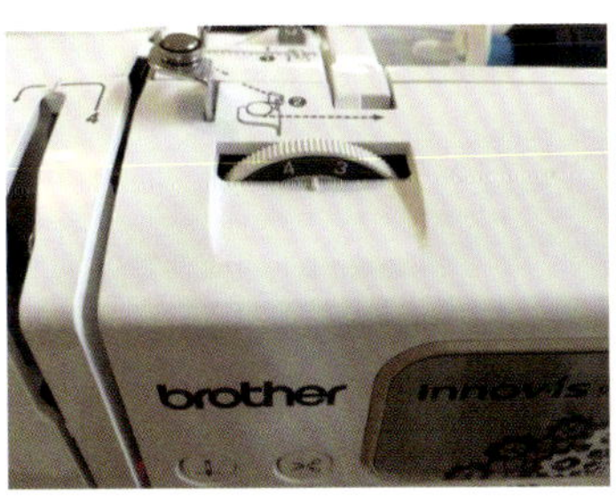

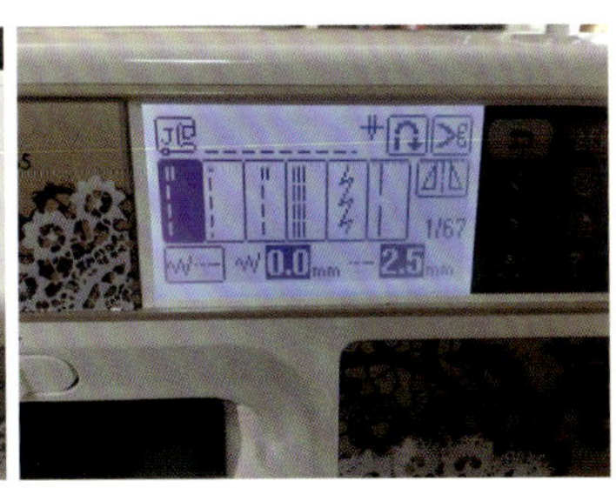

Senke dann noch den Transporteur ab und nutze am besten den Stickfuß.

TIPP: Ich nutze immer Stickgarn und extra Unterfaden fürs Sticken. Ich finde das Ergebnis so feiner und schöner, weil das Garn dünner ist.

Nähmale zuerst die groben Linien mit der Nähmaschine, damit man die Umrisse hat (D). Der Rest geht so einfacher.

SCHRITT 5
Nähmale alle Feinheiten (E). Ich beginne immer mit den Haaren, dann der Körper und ganz zum Schluss das Gesicht. Übung macht den Meister!!! Schnell nähen geht einfacher. Macht den meisten zwar mehr Angst, aber ist wirklich so!

SCHRITT 6
Tupfe mit Stempelfarbe die Wangen auf (F) und fixiere die Farbe abschließend noch.

FERTIG!

SPECIAL

Applizieren mit amelie & luise

Steffi ist einer der Menschen, dem in die Wiege gelegt wurde Stoffe und Schnitte einfach wunderschön zu kombinieren. Jedes Stück von ihr ist einfach traumhaft. Ich bin ganz stolz, dass sie euch heute zeigt, wie sie beim Applizieren vorgeht.

SCHRITT 1

Übertrage deine Vorlage auf Vliesofix (B). Achte darauf Zahlen und Buchstaben spiegelverkehrt aufzuzeichnen. Bügle im Anschluss das Vliesofix auf die linke Seite deiner Stoffstücke.

SCHRITT 2

Schneide die einzelnen Teile mit einer scharfen Schere aus (C). Verwende keine Stoffschere, da diese durch das Trägerpapier stumpf werden würde.

SCHRITT 3

Entferne das Trägerpapier und ordne deine Applikation auf das dafür vorhergesehene Kleidungsstück an. Bügle die Applikation fest (D).

WICHTIG: Lege unbedingt ausreißbares Stickvlies unter deinen Stoff. Dadurch verzieht sich nichts.

Tipp: Für Linien, die lediglich genähmalt werden, verwende ich Frixon Pens zum Vorzeichnen, da diese durch die Wärme des Bügeleisens von alleine wieder verschwinden.

SCHRITT 4

Für Applikationen verwende ich immer einen einfachen Geradstich mit folgenden Einstellungen:

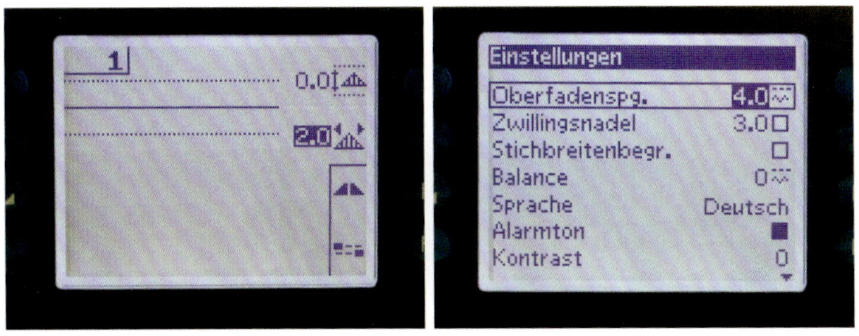

SCHRITT 5

Nähe nun die Umrisse mit farblich passendem oder schwarzem Garn (für deutlichere Konturen) mehrmals nach (E). Dadurch bekommt die Applikation eine gewollte Unregelmäßigkeit, die ich persönlich immer sehr gern mag. Ich verwende übrigens auch für Applikationen meinen normalen Nähfuß und versenke immer die Nadel im Stoff.

SCHRITT 6

Zum Schluss noch alle Fäden abschneiden (gerade bei schwarz sieht man den Unterfaden immer gerne durch den Stoff schimmern) und das Stickvlies vorsichtig ausreißen.

Bügeln nicht vergessen, damit der Frixon Pen verschwindet.

FERTIG!

SPECIAL

APPLIZIEREN MIT

M. M. BEAutiful Kreationen

Appli & Sew

Meine ganz persönliche Appliqueen ist Bea von M. M. BEAutiful Kreationen. Keine die ich kenne appliziert so blitzschnell und gleichzeitig so wunderschön. Sie arbeitet etwas anders als in diesem Buch erklärt. Z. B. nutzt sie keine fertige Vorlage, oft kein Vliesofix und hat einen ganz eigenen Stil beim Applizieren. Ich freue mich, dass sie für dieses Buch zeigt, wie sie arbeitet.

SCHRITT 1
Drucke die Vorlage in beliebiger Größe gespiegelt aus (A).

SCHRITT 2
Zeichne die Schnittteile mit Vliesofix ab (B). Füge an den überlappenden Stellen eine Art Nahtzugabe hinzu.

SCHRITT 3
Bügle das Vliesofix auf den Untergrundstoff auf und schneide dann die Stoffe aus (C).

SCHRITT 4
Lege die Positionen der Stoffteile fest und bügle das Vliesofix auf. Ich stecke die Stoffteile oft auch einfach nur mit Stecknadeln fest, und nutze kein Vliesofix.

SCHRITT 5
Zeichen mit einem Bleistift die feine Linien, die mit genäht werden sollen, auf den Stoff vor (D). Alternativ kannst du auch einen Trickmarker benutzen.

SCHRITT 5
Ich stelle einen Geradstich ein, sonst verändere ich NICHTS - weder Transport oder Fuß. Meine Einstellungen siehst du hier:

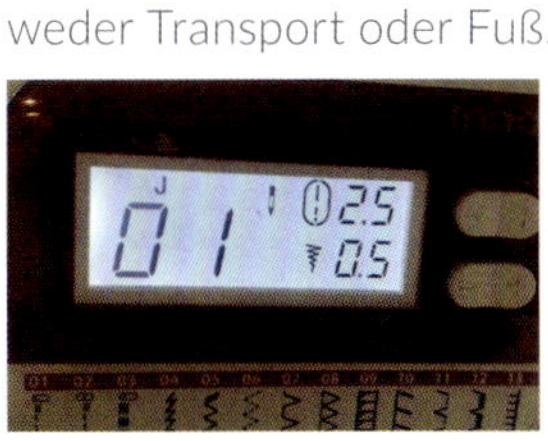

SCHRITT 5
Los geht´s! Umrande nun die Stoffteile und nähe die vorgezeichneten Strukturlinien nach (E). Ich nähe überwiegend in einem Stück ohne abzusetzen.

SCHRITT 6
Male mit Flüssigfarbe und einer Stecknadel oder einem Stoffmalstift die Details auf (F) und fixiere die Farbe anschließend.

TIPP: Lichtpunkte in den Augen verleihen einer Appli Lebendigkeit.

FERTIG!

Was ich noch sagen wollte ...

Ich habe ein paar wundervolle Menschen an meiner Seite, die mich schon seit dem Beginn von Paul & Clara begleiten, mir ehrliches Feedback geben und mich inspirieren. DANKE für euer Vertrauen in mich, für eure Unterstützung und eure Treue!

Mia, Verona, Sarah, Amelie, Christina, Sandra, Patricia, Steffi, Steffy, Bianca, Steffi, Lila, Louisa, Angi, Melanie, Dajana, Ulrike, Paulina, Sabrina, Denise, Franzi, Janine, Anne, JuLia, Jette, Silvana, Daniela, Anna, Sandra, Angelika, Jennifer, Maddy, Sandra, Christine, Sandra, Maren, Annkatrin, Doris, Jeannette, Veronika, Diandra, Jessika, Juliane, Constanze, Notburga, Jennifer, Kristin, Katharina, Lana, Linn, Nadja, Bianca, Sarah, Katharina, Bree, Vanessa, Nadine, Erna, Anne, Julia, Jasmin, Beate, Verena, Claudia, Susi, Katharina, Nadine, Maarika, Bianca, Kirstin, Lisa, Peggy, Nina, Daniela, Katrin, Irene, Viktoria, Christine, Linda, Beate, Nicole, Ines, Dana, Jennifer, Carolin, Christine, Sybille, Susanne, Kathrin, Isa, Jasmin, Stefanie-Maria, Elisabeth, Claudia, Sarah, Yvonne, Melanie, Svenja, Anna Maria, Julia, Kathrin, Lexa, Inga, Ardnas, Jeannine, Franziska, Sabrina, Yasemin, Natascha , Larissa, Nadine, Anna-Lena, Sandra, Iris, Mia, Gila, Mandy, Cindy, Anna, Tugba, Anna, Michaela, Jenni, Janina, Manou und viele, viele mehr!

Aber ganz besonders möchte ich meiner Familie und vor allem meinem Mann danken. Sebastian ... DANKE! Für alles was du für mich und unsere wundervollen Kinder tust. DANKE, dass du mich verstehst und für mich da bist.

DANKE auch an meine Eltern und Schwiegereltern. Ihr seid eine wahnsinnig tolle Unterstützung und immer sofort da, wenn ich eure Hilfe brauche.

Ohne all diese Menschen könnte ich das hier alles nicht machen.

DANKE, dass ich jeden Tag das tun kann, was ich liebe.

Eure Sarah

MITWIRKENDE

Ein ganz großer Dank geht auch an Silvana, Melissa, Steffi und Bea. Ihr begleitet mich schon lange, seid ganz wundervolle Frauen und ich liebe eure Arbeit sehr. Danke für die tollen Anleitungen, die ihr diesem Buch beigesteuert habt. Sie machen das Appli 1x1 zu etwas ganz Besonderem.

NIKIKO Design

missichen

amelie & luise

M. M. BEAutiful Kreationen Appli & Sew

SHOPPINGTIPPS

Du willst das im Buch verwendete Material kaufen und meine Lieblingstools finden? Dann schau im Blog vorbei, dort habe ich alles für euch verlinkt.

www.plotter1x1.de/tipps

FRAGEN?

Hast du eine Frage oder ist dir etwas unklar? Dann schreib uns gerne:

hallo@paulundclara.com

MASCHINENEINSTELLUNGEN

DAS IST WICHTIG

Hier findest du die wichtigsten Einstellungen und hast sie so immer griffbereit. Ergänze auch abweichende Einstellungen, die du dir selbst erarbeitest.

	NÄHFUSS	STICHART	FADENSPANNUNG	TRANSPORTEUR
EINFACHE APPLIKATION	Standardfuß oder Applikationsfuß	Kurzer Geradstich	Mittel*	Nicht versenkt
DOODLE APPLIKATION	Standardfuß oder Applikationsfuß	Kurzer Geradstich	Mittel*	Nicht versenkt
NÄHMALEN	Stickfuß oder ohne Fuß	Nicht wichtig	Mittel*	Versenkt
ZICKZACK	Standardfuß oder Applikationsfuß	Zickzack-Stich (Eng oder weiter, je nach Geschmack)	Niedrig*	Nicht versenkt

* Die Fadenspannung ist abhängig von deiner Maschine und den verwendeten Stoffen. Teste verschiedene Einstellungen, bis du ein schönes Nahtbild hast.

Lust auf mehr?

Du wolltest schon immer mehr über das Plotten erfahren und kreative Projekte umsetzen? Egal wie erfahren du bereits bist, ich zeige dir, was alles in deinem Plotter steckt, wie er funktioniert, und dass er mehr kann, als du bisher gedacht hast. Lerne zusammen mit mir Schritt-für-Schritt neue Techniken und Materialien kennen. Es gibt so viel zu entdecken! Mach mit!

SICHERE DIR JETZT DEIN PLOTTER 1X1 ALS GEDRUCKTES BUCH ODER DIGITALES EBOOK!

www.paulundclara.com/buecher/plotter-1x1

AUF EINEN BLICK

FACHWISSEN SCHNELL NACHLESEN

Bügelfolie Nutze Flockfolie um kleine Elemente wie Nasen oder Augen aufzubügeln s. S. 58.

Drucken Applikationsvorlagen können in jeder gewünschten Größe ausgedruckt werden. So erhält man immer die passende Applikation s. S. 12.

Fadenlauf Bei Zuschnitt ist der Fadenlauf von Stoffen wichtig, da dieser z. B. die Dehnbarkeit des Stoffes vorgibt. Auch bei kurzen Fellstoffen ist der Fadenlauf wichtig, da sich die Haare immer nur in einer Richtung glatt streichen lassen.

Fadenspannung Bei einer perfekten Naht kreuzen sich Ober- und Unterfaden genau in der Stoffmitte (A). Ist der Unterfaden zu straff oder der Oberfaden zu lose eingestellt, ist der Oberfaden auf der Unterseite des Stoffes sichtbar (B). Ist der Oberfaden hingegen zu straff und der Unterfaden zu lose eingestellt, sieht man den Unterfaden auf der Oberseite (C). Kräuselt sich die Naht, sind Ober- und Unterfaden zu straff eingestellt. Wenn sich Schlaufen bilden, ist beides zu locker. Je nachdem wie dick deine Stoffe sind, kann es sein, dass deine Einstellungen angepasst werden müssen. Teste daher immer zuerst auf einem kleinen Rest der Stoffe, ob deine Naht gut aussieht.

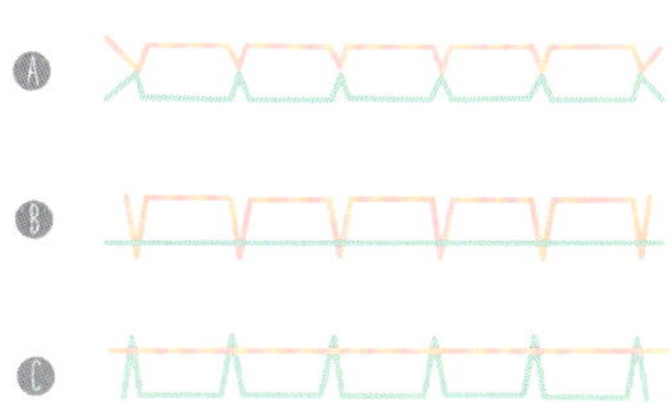

Nahtzugabe Schnittteile benötigen eine Nahtzugabe, da man beim Zusammennähen nicht genau auf der Stoffkante nähen kann, wird diese ergänzt. Dieser Abstand ist bei den Schnittbögen in diesem Buch bereits enthalten. Für Applikationen wird in diesem Sinne zwar keine Nahtzugabe genötigt. Aber die Schnittteile sind immer etwas größer, da die Naht auch nach innen gesetzt genäht wird und so die Linien optisch zusammenrücken.

Nähmalen Bezeichnet das Nähen ohne Transporteur. Dadurch ist es möglich völlig frei nach links, rechts, oben oder unten zu nähen und mit der Naht auf den Stoff zu „malen". Ideal auch um Gesichter aufzunähen.

Positionshilfe erstellen Gerade für Gesichter ist eine Schablone wichtig. Diese kannst du entweder aus Papier erstellen, indem du Löcher ausschneidest durch die du z. B. die Position der Augen mit Trickmarker übertragen kannst. Oder du nutzt auswaschbare Stickfolie, paust z. B. das Gesicht ab und legst sie dann auf den Stoff. Danach nähmalst du das Gesicht auf und wäscht die Folie danach einfach aus.

Rechte und linke Stoffseite Die schöne Stoffseite eines Stoffes ist die rechte Stoffseite. Die Rückseite wird linke Stoffseite genannt.

Schnittteile übertragen Schnittteile werden am einfachsten direkt auf Vliesofix übertragen. Dafür benötigst du aber den gespiegelten Schnittbogen. Das Vliesofix wird anschließend einfach auf die Stoffrückseite aufgebügelt und der Stoff dann ausgeschnitten. Alternativ kann die Vorlage auf Transpartenpapier abgepaust oder direkt ausgeschnitten und dann auf Stoff übertragen werden. Dann müssen die Stoffteile aber mit Stylefix oder etwas ähnlichem auf den Stoff fixiert werden.

Werkzeuge Es gibt viele nützliche Werkzeuge fürs Applizieren s. S. 8.

IMPRESSUM

Gestaltung und Satz: Sarah Maria Kalweit

Herausgeber: Paul & Clara
Sarah Maria Kalweit
Richard-Breitenfeld-Straße 48
60438 Frankfurt am Main

www.paulundclara.com

1. Auflage – August 2018

ISBN: 978-3-9819487-1-4